I. Theoretischer Teil

1. Einleitung

1.1. Begründung der Themenwahl

Jeder Mensch gestaltet seine individuelle Handschrift aus differenzierten, rhythmischen Bewegungen. Uns fasziniert diese höchste Koordinationsleistung, welche ein wichtiges Kommunikationsmittel darstellt.

Zur Behandlung von graphomotorischen Störungen gibt es keine ergospezifischen Unterlagen oder Literatur um eine Therapie zu gestalten. Die bereits bestehenden bekannten graphomotorischen Therapien beginnen im feinmotorischen Bereich (z.B. S. Naville, F. Schilling). Mit unserer Arbeit stellen wir eine Sammlung von Übungen zusammen, welche vom Grobmotorischen ausgehend (als Grundbasis) eine Verbindung zum feinmotorischen Training bildet.

In unseren Praktikas arbeiteten wir mit Kindern mit minimaler Hirnschädigung. Ein oft großes Problem dieser Kinder ist die Hyperaktivität. Es fällt ihnen dadurch besonders schwer, ruhig am Tisch zu sitzen und sich genügend zu stabilisieren. Aus diesem Grund haben wir das Hauptgewicht unserer Arbeit auf das Problem der Hyperaktivität gelegt.

1.2. Fragestellung

- Welche Funktionen brauchen wir, um schreiben zu können?

- Welche Eigenschaften charakterisieren das hyperaktive Kind?

- Welche sensomotorischen Schwierigkeiten beim Schreiben hat ein hyperaktives Kind?

- Wie erfassen wir die Fähigkeiten und Probleme der Kinder?

- Welche ergotherapeutischen Möglichkeiten haben wir zur Behandlung von graphomotorischen Schwierigkeiten?

1.3. Ziele

- besseres Verständnis für das hyperaktive Kind und seine graphomotorischen Schwierigkeiten

- Erarbeiten eines graphomotorischen Aufbautrainings, das nicht erst am Schreibtisch beginnt.

1.4. Vorgehen

Der erste theoretische Teil unserer Arbeit soll aufzeigen, welche Funktionen es für die Graphomotorik braucht und wie die graphomotorische Entwicklung eines Kindes aussieht. Wir gehen vom gesunden Kind aus und besuchen einen Kindergarten, in dem wir Kinder beobachten und mit ihnen arbeiten. Im nächsten Kapitel beschreiben wir Eigenschaften hyperaktiver Kinder. Am Beispiel dieser Kinder stellen wir mögliche graphomotorische Schwierigkeiten dar. Der erste Teil dient uns als Basis für die praktischen Übungen.

Der zweite Teil besteht aus einem Erfassungsbogen und aus Übungen für ein graphomotorisches Training. Diese Übungen bilden den Hauptteil unserer Arbeit. Wir haben sie in Grundübungen, graphomotorische Vorübungen und graphomotorische Übungen unterteilt, da wir der Meinung sind, daß das Training nicht erst am Tisch beginnt.

Wir sind uns bewußt, daß vielfältige Faktoren zu grahomotorischen Schwierigkeiten führen, beschränken uns aber auf die sensomotorische Komponente. Wir wissen, daß die verschiedenen Funktionen eng miteinander verbunden sind und eine Trennung oft nur theoretisch möglich ist. Obwohl wir nur von der Sensomotorik ausgehen, wird unsere Therapie ebenfalls Auswirkungen auf die Raumwahrnehmung haben.

Im Rahmen unserer Arbeit werden wir folgendes nicht berücksichtigen: motorische Störungen im funktionellen Sinn, Störungen der Perzeption (Figur-Grund-Wahrnehmung, Raumlage, Formerkennung etc.) und Störungen der Kognition (Planung, Formwiedergabe etc.)

2. Schreibentwicklung

2.1. Nötige Voraussetzungen

"Mehr noch als andere handgeschickliche Äußerungsformen ist die Graphomotorik (Schreibbewegung) als kommunikativ-sozialer Handlungsvollzug anzusehen. Dazu bedienen wir uns schriftlicher Symbole (Schriftzeichen) unserer gesprochenen Sprache. Um schriftlich zu handeln und kommunizieren zu können, muß das Schreiben als sensomotorischer Prozeß erlernt werden, bis es als Fertigkeit jederzeit verfügbar ist. Dieser graphomotorische Lernvorgang ist an bestimmte perzeptive, kognitive und motorische Grundvoraussetzungen gebunden. Das Kind muß geometrische Formen (Gestalten) erkennen, differenzieren und auch nachvollziehen können. Es muß sprechen können und über ein Wortsinnverständnis verfügen. Und es muß in der Lage sein, Einzelsymbole (Buchstaben), die es mit dem entsprechenden Laut verbindet, zu Symbolkomplexen (Worten) zusammenzufügen, sie optisch als Ganzheit zu erkennen und mit dem Wortklangbild in Übereinstimmung zu bringen." (9)

S. Naville bezeichnet die Schrift als die feinste Koordinationsleistung des Menschen. Damit diese Koordinationsleitung möglich ist, braucht es verschiedene Voraussetzungen:

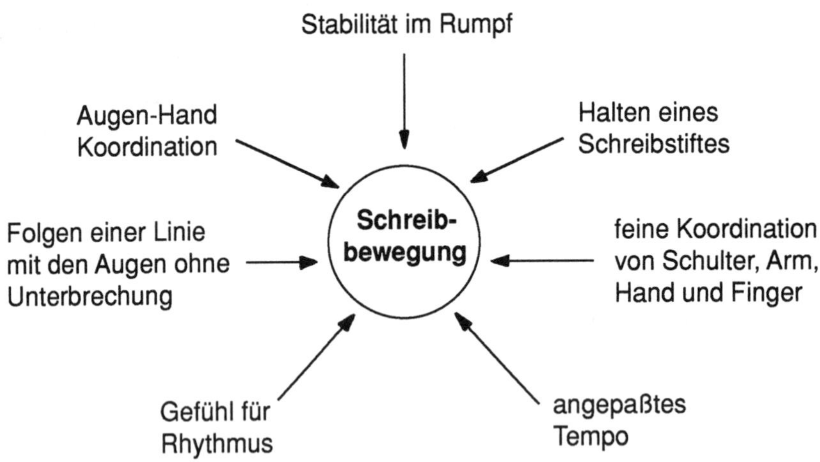

Für die feine Koordination von Schulter, Arm, Hand und Finger brauchen wir eine intakte Sensomotorik, d.h.:

- taktiles Wahrnehmen bis in die Fingerspitzen
- dissoziierte Bewegungen vom Rumpf bis zu den Fingern
- ausgebildete Hand-Dominanz
- kreuzen der Mittellinie
- dosierter Krafteinsatz

2.2. Handentwicklung

Das Kind muß differenzierte manuelle Fähigkeiten besitzen, damit es in der Lage ist, komplizierte feinmotorische Übungen wie das Schreiben auszuführen. Wir beschreiben kurz die verschiedenen Stufen, die bei der Entwicklung der Handgeschicklichkeit wichtig sind. Die Handentwicklung eines Kindes gibt auch Informationen über seine kognitive Entwicklung.

Das Neugeborene öffnet und schließt seine Hände zufällig um Gegenstände. Es hat noch keine optische Kontrolle über sein Tun. Die Augen-Hand-Koordination entwickelt sich etwa mit drei Monaten, ebenso wie die Hand-Hand-Koordination. Das Kind lernt, seine beiden Hände zusammenzubringen und wird zunehmend symmetrischer. Die ersten Griffe führt das Kind mit der ulnaren Handseite und proniertem Unterarm aus. Es ist noch nicht in der Lage, Gegenstände willentlich loszulassen, greift jetzt aber gezielter. Seine Griffe werden zunehmend radialer (es greift mit einander gegenübergestellten Daumen und Zeigefinger) und es beginnt den Arm zu supinieren. Die Arm- und Handbewegungen werden immer mehr aufeinander abgestimmt, sehr oft greift eine Hand über die Mittellinie auf die andere Seite des Körpers. Im zweiten und dritten Lebensjahr differenziert sich die Fingergeschicklichkeit weiter aus. Das Kind lernt, seine Bewegungen besser zu dosieren und kleine Gegenstände gezielt loszulassen. Für die feine Handbewegungen benötigt das Kleinkind genaue Information durch die Augen.

Im Alter von drei bis sieben Jahren lernt das Kind einfache Werkzeuge wie Messer, Gabel, Nadel, Faden, Schere, Bleistift etc. zu gebrauchen. Es übt die feine Koordination beider Hände, wobei die eine Hand den Gegenstand hält, die andere Hand Präzisionsbewegungen ausführt. In diesem Alter sollte sich die

Handdominanz festlegen.

Das lockere Halten eines Stiftes im Dreipunktegriff ist etwa mit vier bis fünf Jahren möglich.

Das Kind ist nun in der Lage, seine Bewegungen mit jeweils situationsabhängiger Kraft, Geschmeidigkeit und Genauigkeit auszuführen (1, 6, 9).

2.3. Vom Kritzeln zum Schreiben

Die ersten Zeichnungen des Kleinkindes bestehen aus feinen Schlängellinien (Abb. a). Mit der besseren Beherrschung der Hin- und Herbewegung des Armes entwickeln sie sich zu kräftigen Kritzelbewegungen (Abb. b). Das Kind hält seinen Stift auf verschiedene Arten. Diese ersten Kritzelversuche sind planlos, das Kind hat noch keine Kontrolle über seine Handbewegungen. Es lernt erst mit der Zeit, seine Striche optisch zu kontrollieren (ca. 2-jährig).

Aus den ersten Kritzelbewegungen entwickeln sich Horizontalschlaufen, dann spiralähnliche Figuren und mehrfach überschichtete Kreisfiguren (Abb. c). Die Kreisbewegung wird verbessert, bis das Kind mit ca. drei Jahren seine ersten Kreise zeichnet (Abb. d und e). In diesem Alter zeichnet es auch andere geometrische Figuren (Sternfiguren, Punkte, Kreuze, einzelne Striche verschiedener Länge, Vielecke, Schattierungen). Häufig benennt das Kind nachträglich seine Figuren, Es entstehen immer differenziertere Formen, die es miteinander kombiniert.

Der Kreis entwickelt sich weiter zu Kopffüßlern (Abb. f und g) und später zu Menschen. Es zeichnet auch Häuser und andere Objekte. Das fünf bis sechsjährige Kind kann seine Darstellungen der Realität anpassen, wobei der Inhalt dieser Zeichnungen selten eine Darstellung realistischer Geschehen ist.

Mit all diesen Erfahrungen, die das Kind machen konnte, ist es ihm möglich, die Grundformen der Schrift (Oval, L-Schleife, Girlande, Arkade) zu zeichnen und in der Schule schreiben zu lernen (6, 14).

Abb. a

Abb. b

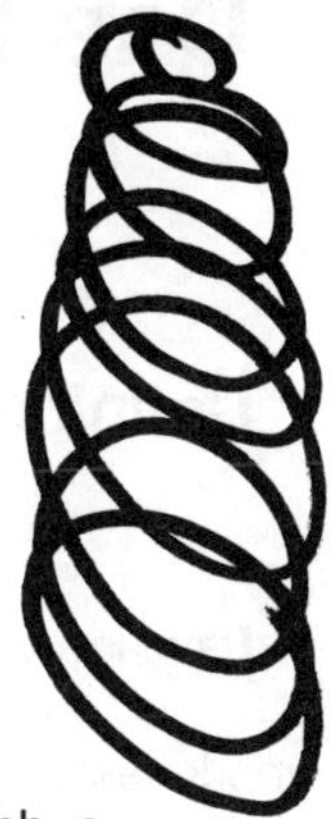

Abb. c

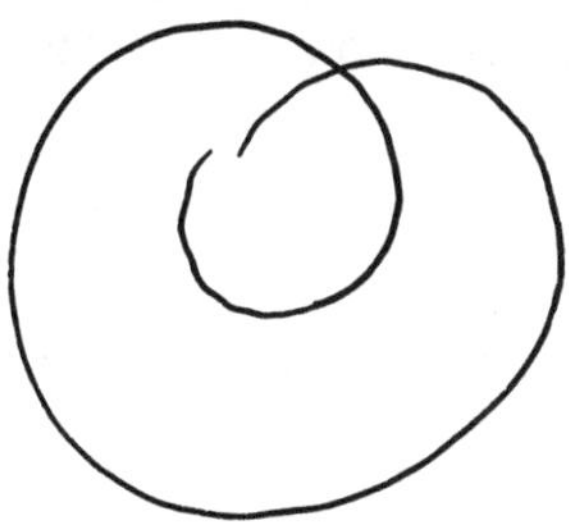

Abb. d

Abb. e

Abb. f

Abb. g

3. Das hyperaktive Kind

3.1 Definition von Hyperaktivität

3.1.1. Psychologisches Wörterbuch F. Dorsch

syn. Hyperkinese, Verhaltensstörung, die in der frühen Kindheit beginnt und gekennzeichnet ist durch fortwährende Ruhelosigkeit und Aufmerksamkeitsmangel. Da die Kriterien zur Feststellung eines "abnorm hohen und unangemessenen Aktivitätsniveaus" nicht ausreichend geklärt sind, hängt die Diagnose "Hyperaktivität" auch sehr stark von der Toleranz der Umwelt ab (Ross 1980).

3.1.2. Hyperaktive Kinder, Hans Grissemann

"Hyperaktivität kennzeichnet die Unfähigkeit einer Person, das Aktivitätsniveau den Erfordernissen der Situation anzupassen" (Kaspar).

"Hyperaktivität beinhaltet das Niveau von täglich auftretenden motorischen Aktivitäten, das deutlich größer ist als bei Kindern mit vergleichbarem Geschlecht, Entwicklungsalter und sozioökonomischen und kulturellem Hintergrund".

3.1.3. Mototherapie - Teil II, Ernst J. Kiphard

Wenn wir unter Motilität die Kraftfülle primärer, archaischer Spontanbewegungen verstehen (Stedmans Medical Dictionary), so stellt die Hypermotilität eine Steigerung der Gesamtmenge motorischer Produktionen in der Zeiteinheit dar. Bei diesen übermäßig schnellen, hastigen, ungerichteten, ziel- und planlosen, diffus-dranghaften Bewegungsentladungen handelt es sich um eine Äußerungsform von innerer psychokinetischer Erregungs- und Antriebssteigerung bei gleichzeitig erhöhter Reaktionsbereitschaft gegenüber Umweltreizen (Klagea 1963).

3.2. Situationsbeschreibung hyperaktiver Kinder

3.2.1. "Der Zappelphilipp"

Uns scheint die Geschichte des "zappelnden" Philipps bezeichnend für die Gruppe von hyperaktiven Kindern.

»Ob der Philipp heute still
Wohl bei Tische sitzen will?«
Also sprach in ernstem Ton
Der Papa zu seinem Sohn,
Und die Mutter blickte stumm
Auf dem ganzen Tisch herum.
Doch der Philipp hörte nicht,
Was zu ihm der Vater spricht.
Er gaukelt
Und schaukelt,
Er trappelt
Und zappelt
Auf dem Stuhle hin und her.
»Philipp, das mißfällt mir sehr!«

Seht, ihr lieben Kinder, seht,
Wie's dem Philipp weiter geht!
Oben steht es auf dem Bild.
Seht! Er schaukelt gar zu wild,
Bis der Stuhl nach hinten fällt;
Da ist nichts mehr, was ihn hält;
Nach dem Tischtuch greift er, schreit.
Doch was hilft's? Zu gleicher Zeit
Fallen Teller, Flasch' und Brot,
Vater ist in großer Not,
Und die Mutter blicket stumm
Auf dem ganzen Tisch herum.

Wie aus dieser Geschichte hervorgeht, stört bzw. erregt das hyperaktive Kind auch seine Umgebung, was sich wieder negativ auf das Kind auswirkt. Aus diesen Wechselwirkungen kann ein Circulus vitiosus entstehen, aus dem sich beide nur schwer befreien können.

3.2.2. Zitat von Müller-Küppers 1969

"Die Gruppe der Kinder mit leichten Hirnschädigungen fällt nicht durch Lähmungen, körperlichen Behinderungen oder Deformierungen, einschließlich der Physiognomie, aus dem Rahmen des Alterskollektivs heraus. Diese Kinder zeigen in der Regel auch keine gröberen intellektuellen Ausfälle. Auf diese Weise wird verständlich, daß es in der Mehrzahl der Fälle wegen des Fehlens von Hinweisen auf eine organische Genese zu einer ebenso charakteristischen, wie folgenschweren Verkennung kommt: Die Kinder werden von ihrer Umgebung für "normal" gehalten und daher Anforderungen ausgesetzt, denen sie z. B. aufgrund einer Lernbehinderung nicht gewachsen sind. Gerade der Umstand, daß sie auf einzelnen Gebieten gute bis überdurchschnittliche Leistungen erbringen, wird als Beweis dafür angesehen, daß sie "können", aber nicht "wollen". Auch der Umstand, daß Zeiten sozialer Angepaßtheit mit Phasen wechseln, in denen erhebliche Verhaltensstörungen im Vordergrund stehen, wird in diesem Sinne interpretiert. Die Kinder erfahren auf diese Weise überwiegend moralisierende Ablehnung, anstatt ärztliche Hilfe. Eine Beschreibung des leicht hirngeschädigten Kindes und seiner psychopathologischen Besonderheiten wird dadurch erschwert, daß sich das typische Bild erst aus der Summe der einzelnen Symptome zu einem Gesamtbild zusammenfügt." (4)

3.2.3. Vergleich von Ernst J. Kiphard

"Ein solches Kind kann mit einem Klavier verglichen werden, vielleicht sogar mit einem Flügel, aus der besten Fabrik geliefert. (Es sind dem Kind ausgezeichnete Erbanlagen von seinen Eltern mitgegeben worden). Nur hat jemand unterwegs auf dem Transport (sprich Geburt) mit dem Hammer zugeschlagen. Wenn man nun einzelne Töne auf der Klaviatur anschlägt, so wird daraus die Güte des Instrumentes deutlich. Dazwischen liegen aber ein, zwei oder drei dissonant klingende Tasten. Wenn man nun das Ganze spielt, so stößt man immer wieder auf einen dieser Fehltöne, welcher das Zusammenspiel (sprich Koordination) empfindlich stört." (10)

3.3. Ursachen einer Hyperaktivität bzw. minimaler Hirnschädigung

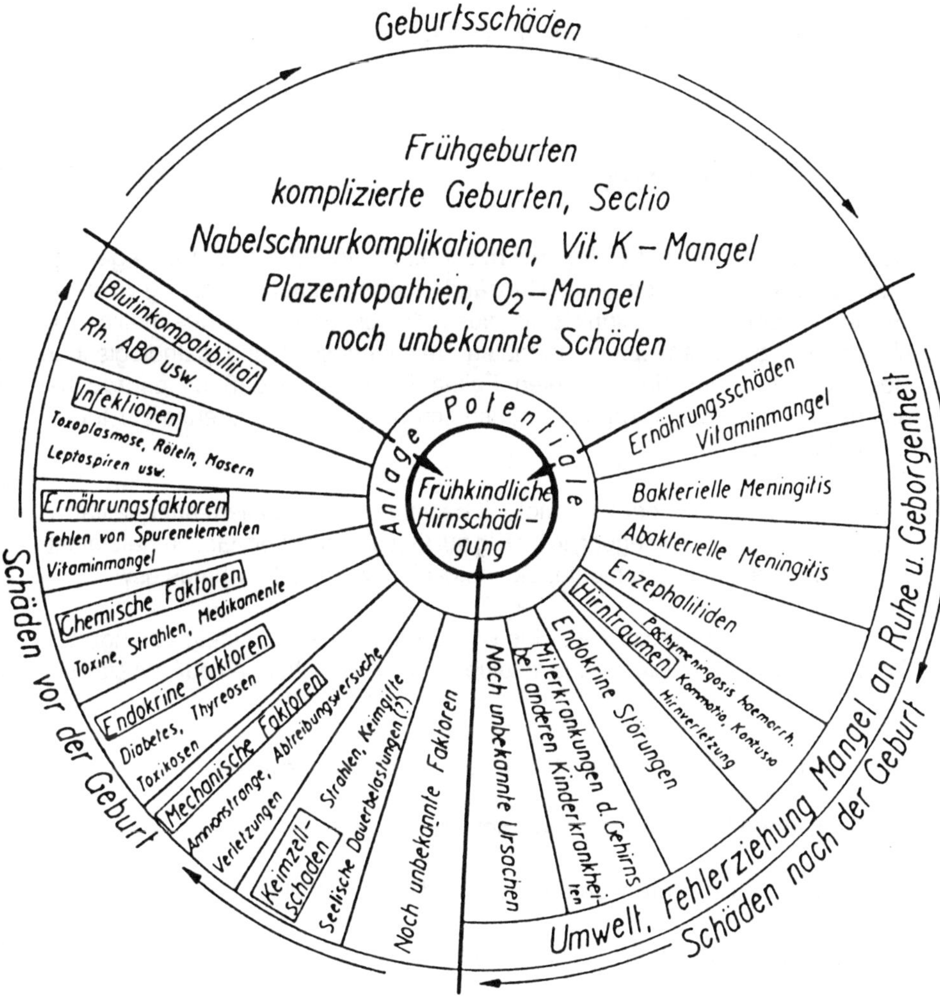

4. Störungen hyperaktiver Kinder, welche zu graphomotorischen Schwierigkeiten führen können.

4.1. Grobmotorik

Bewegungsstörungen erreichen bei hyperaktiven Kindern oft nur eine geringe Ausprägung und werden unter Umständen nicht immer rechtzeitig erkannt. Gerade in der Alltagsmotorik sind diese Kinder lange Zeit unauffällig. Die Übergänge zwischen einem normalen Bewegungsbild und pathologischen Bewegungsmustern sind in vielen Fällen fließend, so daß es gerade bei minimalen Bewegungsstörungen häufig schwierig ist, eine Grenze zur Individualmotorik zu ziehen.

Beeinträchtigungen in der Grobmotorik beziehen sich vor allem auf qualitative Veränderungen der Bewegung in bezug auf Geschwindigkeit, Geschmeidigkeit, Anpassungsfähigkeit, Harmonie, Genauigkeit, Dynamik, Rhythmus usw.

Schwierigkeiten der Motorik werden oft schon in einer allgemein verzögerten Entwicklung sichtbar. Die daraus resultierenden Abweichungen äußern sich vor allem in:

- Abweichungen des Muskeltonus (v. a. hypotoner Rumpf)
- gestörten Stell- und Gleichgewichtsreaktionen
- Koordinationsstörungen der Fein- und Grobmotorik
- überdauernden frühkindlichen Reflexmustern
- Haltungsanomalien
- bleibenden Asymmetrien
- Mitbewegungen etc.

Störungen im Bereich von Gesamtkörperkoordination und Gleichgewicht bzw. statischer und dynamischer Koordination zeigen sich bereits in den ersten Entwicklungsjahren durch häufiges Hinfallen, Schwierigkeiten beim Treppensteigen, beim Roller-, Rollschuh- oder Radfahren.

Sie äußern sich gleichermaßen in der Leistungsminderung beim Balancieren, beim Hüpfen, Springen usw. oder bei speziellen sportmotorischen Fertigkeiten im Rahmen der Schule oder Freizeit. (2)

4.2. Feinmotorik

In der Feinmotorik und -koordination sowie Finger- und Handgeschicklichkeit treten zum Teil erhebliche Minderleistungen auf (Gross Selbeck 1980, Schirm u. Thiesenhutter 1981, Kiphard 1983). Dies zeigt sich beim Malen und Zeichnen ebenso wie beim Schreiben, beim Umgang mit Messer und Gabel, beim Aus- und Anziehen bzw. Zuknöpfen von Kleidungsstücken, Schuhebinden, beim Basteln und Ausschneiden usw. Vor allem Störungen in der Graphomotorik erweisen sich immer wieder als schwerwiegende Beeinträchtigung, da sie auch für einen Großteil der Schulschwierigkeiten verantwortlich sind (Lesigang 1978).

Um unsere Hände geschickt einsetzen zu können, müssen wir in der Lage sein, Kraft, Geschwindigkeit (schnelle Beweglichkeit) und Genauigkeit (Zielfähigkeit) unserer Bewegungen den Erfordernissen anzupassen.

Schwierigkeiten der feinmotorischen Koordination können entstehen durch:

- Unfähigkeit, einen gleichmäßigen Tonus aufzubauen

- Bewegungssteifheit und Verspannung von Schulter, Arm, Hand und Finger

- unkontrollierte evtl. ausfahrende Bewegungen

- ungenügende taktil-kinästhetische Wahrnehmung.

Eine verspätete oder verzögerte Entwicklung der Handdominanz kann ebenfalls zu feinmotorischen Koordinationsschwierigkeiten führen, da keine der beiden Hände für Geschicklichkeitsleistungen spezialisiert wird.

Diese Schwierigkeiten der Feinmotorik führen zu Störungen der *Strichführung* und *Schreibrichtung*. Das Schriftbild ist häufig unordentlich, wackelig, zittrig, eckig oder ausfahrend. Zeilenabstände und Randbegrenzungen können nicht eingehalten werden und öfters zeigt sich ein häufiger Richtungswechsel.

Weitere Schwierigkeiten der Graphomotrik, die auch im Zusammenhang mit den bereits erwähnten feinmotorischen Schwierigkeiten stehen, sind:

- **Temposchwierigkeiten**
  Das Tempo kann den Erfordernissen der Tätigkeit nicht angepaßt werden. Die Schreibgeschwindigkeit ist oft verlangsamt.

- **Zu hoher Schreibdruck**
  Bewegungsgestörte Kinder setzen im Allgemeinen einen verhältnismäßig hohen Schreibdruck ein und zwar im Bemühen, die ausfahrenden Extrabewegungen in ihrer Schreibhand zu unterdrücken.

- **Störungen des Schreibflusses**
  Durch die Bewegungssteifheit und Verspannung des gesamten Armes, der Hand und der Finger, haben die Kinder Mühe, in einen rhythmischen Schreibfluß zu kommen. (2, 9)

S. Naville stellt die häufigsten graphomotorischen Schwierigkeiten wie folgt dar:

- **Unbewegliche Fingerspitzen**
  blockierte Bewegung, zackige Buchstaben

- **Allgemeine Verkrampfung bei schlechter Körperhaltung**
  Die Hüften und der Schultergürtel sind gegeneinander verschoben, der Oberarm an den Körper geklemmt, das Handgelenk hochgestellt oder nach außen abgewinkelt, es liegt zuviel Druck auf Bleistift, Feder oder Filzstift.

- **Verkrampfung als Bremsreaktion auf zu starke Bewegungsimpulse**
  Das Kind kann die Bewegung nicht dosieren und muß nach jedem Ansatz sogleich "abbremsen". Es ist mit einem Autofahrer vergleichbar, der gleichzeitig auf Gas- und Bremspedal drückt und trotzdem vorwärts kommen möchte.

  Diese Schwierigkeiten führen zu einem verkrampften Schreiben.

- **Überstürzter Schreibansatz bei allgemeiner Unruhe**
  Hingeworfene, unpräzise Buchstaben und ungenaues Schriftbild

- **Ungezielter Schreibansatz**
  Strichversuche in verschiedenen Richtungen, Buchstaben ungeformt, unzusammenhängend verkritzeltes Schriftbild

- **Schwacher Schreibansatz**
  Kraftlose, ausfahrende, zittrige Striche
  kaum leserliches, oft auseinanderfallendes Schriftbild

  Diese Schwierigkeiten führen zu einer ausfahrenden Schrift. (15)

II. Teil: A. Erfassung

1. Erfassungsbogen

Diesen Bogen haben wir aufgrund der möglichen Störungen (siehe Punkt I. 4.) zusammengestellt. Dementsprechend sind auch die Beobachtungskriterien für eine Erfassung ausgewählt worden.

Der Erfassungsbogen soll Auskunft über mögliche Ausfälle der Sensomotorik geben und neben weiteren Beobachtungen somit Ausgangspunkt für eine Behandlung sein.

Wir haben diese Erfassung mit Kindern zwischen sechs und elf Jahren durchgeführt, um einen Eindruck iher Sensomotorik zu gewinnen.

Am Beispiel dreier verschiedener Kinder zeigen wir die erzielten Ergebnisse des Erfassungsbogens auf. Wir haben uns auf eine kurze Zusammenfassung beschränkt und versucht, die wichtigsten Punkte herauszuschälen. In den Schlußgedanken werden wir nochmals auf den Erfassungsbogen zurückkommen.

ERFASSUNGSBOGEN ZUR BEURTEILUNG DER SENSOMOTORIK

Name und Vorname des Kindes	Geburtsdatum
....	....

1.1 Bewegungskoordination

1.1.1 Hüpfen vorwärts mit geschlossenen Beinen, in Seithaltung*
1.1.2 Hüpfen vorwärts auf einem Bein, in Seithaltung*

Beurteilung:

• Körperhaltung	normal = aufrecht leicht vornübergebeugt vornübergebeugt u. vekrampft
• Mitbewegung der Arme	normal = leichtes Mitfedern ausfahrende Bewegungen verkrampft (meist eingedreht)
• Gleichgewicht	stabil unsicher unmöglich (verliert Gleichgewicht)
• nur für 1.1.2: Hüpfen	rechts und links möglich nur auf einem Bein möglich (re/li) unmöglich

1.1.3 "Hampelmann"

Beurteilung:

• Zusammenspiel Arme u. Beine	gut unvollständig gar nicht
• Körperhaltung	aufrecht Abweichung von der Mittellinie verkrampft

1.1.4 Gehen und Hüpfen nach vorgegebenem Rhythmus

Beurteilung:

• Gehen / Hüpfen	gut teilweise ummöglich

1.2 Augen-Hand-Koordination

1.2.1 Ball prellen mit beliebiger Hand (mindestens drei Schläge)*

Beurteilung:

• Blick auf Ball	konzentriert nur kurz, folgt nicht gar nicht
• Bewegung und Tempo	trifft im Takt gezielt, unregelmäßig schlägt daneben

1.2.2 Ball werfen mit beliebiger Hand und fangen beidhändig

Beurteilung:

• Zusammenspiel beider Hände	sicher (ohne Körper) mit Einbezug des Körpers gar nicht
• Einschätzen der Distanz- Richtung	 richtig zu kurz / zu lang gar nicht

1.2.3 Fixieren eines sich von links nach rechts bewegenden Gegenstandes (z.B. einen Stift hin und her bewegen)

Beurteilung:	möglich mit absetzen unmöglich

1.3 Feinkoordination

1.3.1 Abwechselnd rechte Faust auf linke flache Hand legen und umgekehrt, Tempo steigern*.

Beurteilung:	gut mittel schlecht

1.3.2 Zeichnen und Schneiden entlang einer Spirale (Vereinfachung: eine Linie zeichnen u. ausschneiden lassen)

Beurteilung:

• Halten der Schere	normal verkrampft

• Einhalten der Linie	möglich teilweise unmöglich
• Griffe der Hilfshand	hält locker, greift nach verkrampft, tw. nachgreifen verkrampft, ohne Mitbewegung

1.3.3 Auffädeln von Holzperlen mit einer Lederschnur (Ø 1-2 cm)

Beurteilung:	möglich mit fixieren auf dem Tisch unmöglich

1.1.4 Falten eines Hutes, anschließend mit Klebstreifen fixieren

Beurteilung:	gut ungenau ummöglich

1.3.5 Umfüllen von Bohnen von einem großen in ein kleines Glas mit Drehverschluß (und umgekehrt)

Beurteilung:

• Umleeren	gut mit verschütten unmöglich
• Drehbewegung	möglich unmöglich

1.4 Oberflächensensibilität

1.4.1 In einem Sack 7 verschiedene Materialien ertasten und die zwei Gleichen finden (Holzbrettchen mit Fell, Gummi, Leder, Schleifpapier, versch. Stoffe usw. überzogen = 14 Paare)

Beurteilung: Anzahl richtige

1.4.2 Mit geschlossenen Augen Berührungen erkennen (an einzelnen Fingern, Handinnen- und -aussenflächen und am Arm mit einem Stift oder mit dem eigenen Finger)

Beurteilung: präzise Angabe
ungenau
falsch

1.5 Tiefensensibilität

1.5.1 Mit geschlossenen Augen die vom Therapeut vorgegebene Position der einen Extremität mit der anderen Extremität nachahmen

Beurteilung: identisch
abweichend
falsch

1.5.2 Berührungen durch den Therapeuten

werden sie toleriert
nicht toleriert

Anmerkung: Viele Kinder schliessen nicht gerne die Augen; dann entweder, mit einem Blatt abdecken oder wegschauen lassen.

1.6 Graphomotorik

1.6.1 Strichführung auf beigelegtem Blatt ("Tiersprünge")*

Beurteilung:

• Halten des Bleistiftes während der Übung	normal geführt verkrampft geführt unsicher geführt
• Strichführung	normal, gleichmäßig ausfahrend verkrampft abgehackt
• Schreibdruck/Krafteinsatz	zu stark gut zu schwach abwechselnd

1.6.2 Freie Zeichnung auf A3 Blatt mit Filzstiften

Beurteilung:

• Überkreuzen der Mittellinie	ja nein
• Einteilung des Blattes	

1.6.3 "Eisenbahn" auf beigelegtem Blatt

Beurteilung:

• Starten / Stoppen	genau ungenau

1.6.4 Schriftprobe mind. 5 Minuten

Beurteilung:

- Verhältnis der Buchstaben untereinander

- Größe und Zwischenräume der einzelnen Buchstaben

- Schreibfluß (regelmäßig oder abgehackt)

1.6.5 Beurteilung der Sitzhaltung

1.6.6 Handdominanz (auf Stifthaltung bezogen)

rechts
links
abwechselnd

* Diese Übungen haben wir aus dem Kurztest zur Erfassung psychomotorischer Störungen von S. Naville und Dr. Weber übernommen.

1.7 Allgemeine Beobachtungen

1.7.1 Sozialverhalten des Kindes

(persönlicher Eindruck)

1.7.2 Arbeitsverhalten

1.7.3 Kooperation

1.7.4 Sprachentwicklung

- Satzbau
- Inhalt
- Wortschatz
- Aussprache
- Sprachverständnis

1.7.5 Handdominanz (allgemeine Tätigkeiten)

1.7.6 weitere Beobachtungen

Graphomotorische Übung
Nr. 1.6.1. "Känguruh"

Graphomotorische Übung
Nr. 1.6.3. "Eisenbahn"

2. Fallbeispiele

Drei vollständig ausgefüllte Erfassungsbögen wären im Rahmen unserer Arbeit zu umfangreich. Deshalb fassen wir nur die auffälligsten Beobachtungen zusammen. (* Die Namen der Kinder wurden geändert.)

2.1. Ruedi* geb. 21. 5. 1981

Ruedi besucht seit zwei Jahren den Kindergarten in der Stadt Solothurn. In der vorherigen Spielgruppe fiel er durch sein aggressives Verhalten anderen Kindern gegenüber auf. Im Kindergarten ist er weniger angriffslustig, hat aber Tage, da er von einer starken Unruhe getrieben ist und dadurch die anderen Kinder stört.

Erfassung: Anderthalb Stunden benötigten wir, um die Übungen des Erfassungsbogens durchzuführen. Ruedi ist sehr kooperativ - immer wieder neugierig, was er als nächstes machen soll.

2.1.1. Bewegungskoordination

Alle vier Übungen führt er sicher und gut aus. Vor allem beim Gehen und Hüpfen nach Rhythmus haben wir das Gefühl, daß es ihm vom Kindergarten her bekannt ist, und er dies gerne macht.

2.1.2. Augen-Hand-Koordination

Den Ball prellen fällt ihm sehr schwer. Er schlägt oft daneben oder setzt zuviel Kraft ein, dadurch kann er keine drei Schläge nacheinander ausführen.

Werfen und Fangen des Balles gelingen ihm besser, nur manchmal muß er den Körper zum Auffangen des Balles einsetzen.

2.1.3. Feinkoordination

Diese Punkte bereiten ihm eher Schwierigkeiten, weil sie Zeit und Geduld erfordern. Die Tätigkeiten sind von einem ständigen Redefluß begleitet, der seine Konzentration stört und die Resultate negativ beeinflußt, indem sie ungenau werden.

2.1.4. Oberflächensensibilität

Er kann alle Materialien und Berührungen genau beschreiben und erkennen. Diese zwei Aufgaben löst er sehr gut.

2.1.5. Tiefensensibilität

Alle Positionen werden identisch nachgeahmt.

2.1.6. Graphomotorik

(Vergleiche dazu auch die nachfolgenden Blätter auf den Seiten 37 ff.)
Die Strichführung ist ausfahrend und abgehackt. Er hat Mühe, bei den "Tiersprüngen", wie auch bei der "Eisenbahn", innerhalb der Markierung Linien zu ziehen. Den Stift hält er locker im Dreipunktgriff. Zum Schreiben, wie auch für alle manuellen Tätigkeiten, nimmt er seine rechte Hand. Seine fehlende Ruhe und Konzentration fällt hier besonders auf.

2.1.7. Herauskristallisieren der Schwierigkeiten

- **Augen-Hand-Koordination**

Ball prellen	Dosierung	Augen-Hand-/Hand-Hand-Koordination (Seite 65)
Ball fangen	Zusammenspiel beider Hände	

- **Feinkoordination**

Falten	Präzision	Finger- und Handkoordination (Seite 76)
Umleeren	Präzision Dosierung	

- **Graphomotorik**

Tiersprünge	Dosierung ausfahrende, abgehackte Strichführung	Finger- u. Handkoordination Lockerung, große Bewegungen aus Schulter, Handgelenk, Fingern (S. 72/S. 79)
Eisenbahn	starten / bremsen wechselnder Druck Strichführung wie oben	Finger- u. Handkoordination Lockerung, große Bewegungen aus Schulter, Handgelenk, Fingern
Sitzhaltung	verkrampft	Lockerung, Körperempfinden (S. 67 / S. 79)

2.1.8. Grundsätze der Therapie

Die Therapie beginnt mit Grundübungen, die es Ruedi erlauben, seinen Bewegungsdrang auszuleben. Durch diese strukturierten Bewegungen wird ein Tonusausgleich und damit auch ein differenzierteres Körperempfinden angestrebt. Auf Grund der besseren Stabilisation und Körperwahrnehmung sind nun Grundübungen zur Augen-Hand- und Hand-Hand-Koordination sowie graphomotorische Vorübungen zur Verbesserung der Finger- und Hand-Koordination sinnvoll. Erst am Schluß werden graphomotorische Übungen durchgeführt. Klare Strukturierung und gezielte Reizsetzung verbessern auch die Konzentration des Kindes.

Graphomotorische Übung "Känguruh"

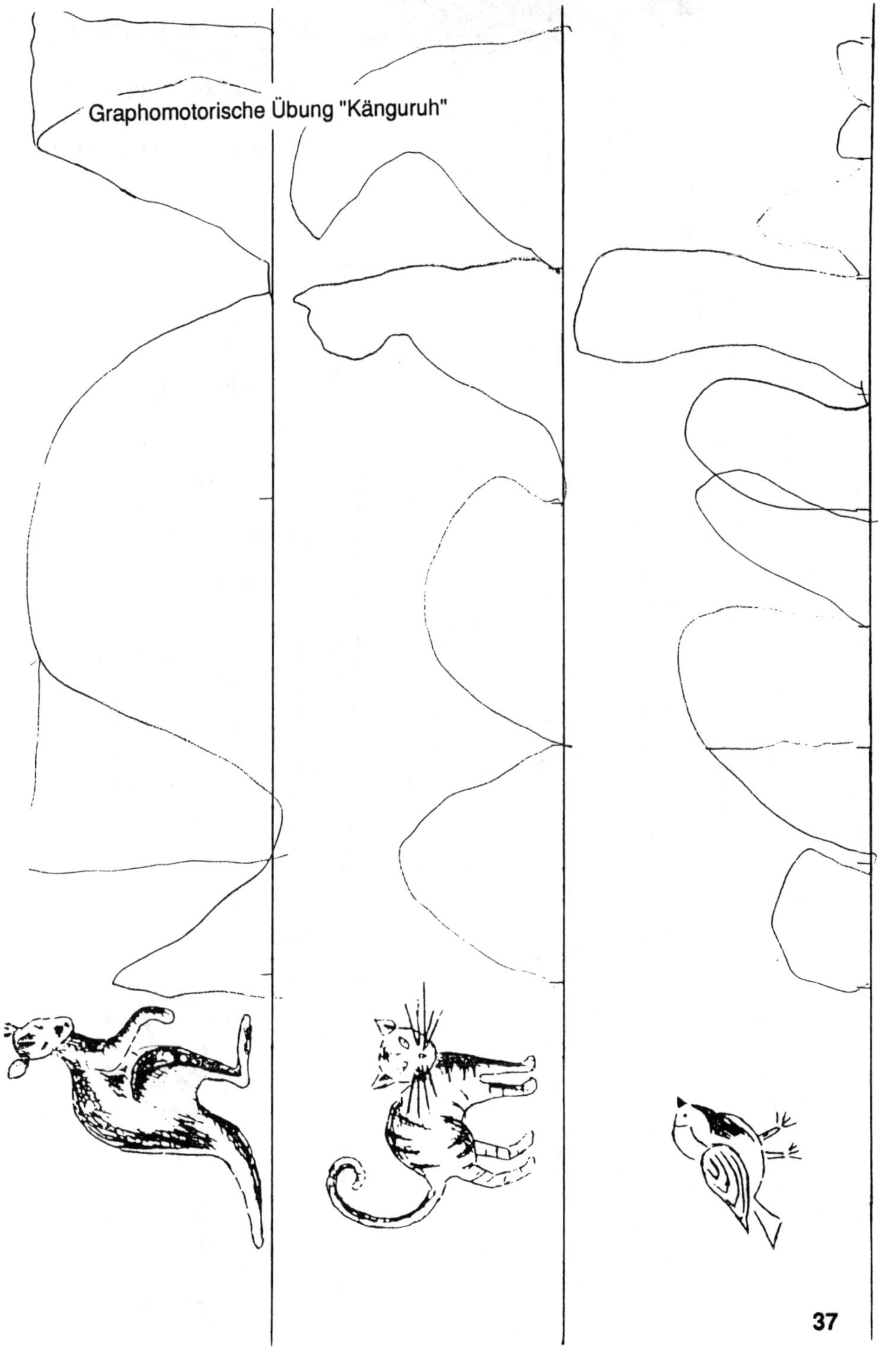

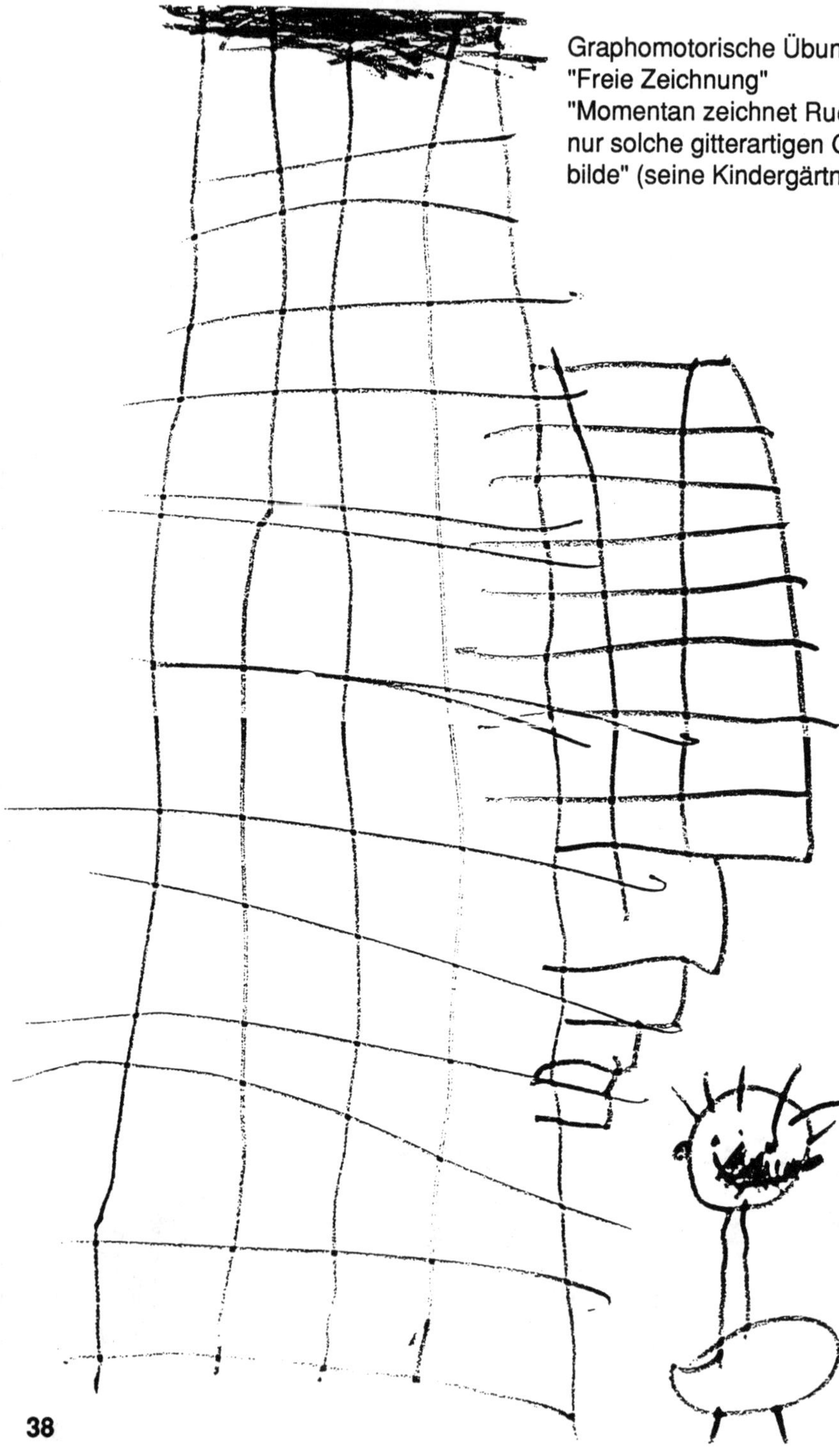

Graphomotorische Übung
"Freie Zeichnung"
"Momentan zeichnet Ruedi nur solche gitterartigen Gebilde" (seine Kindergärtnerin).

Graphomotorische Übung
"Eisenbahn"

Aufforderung doch lang-
samer zur arbeiten.

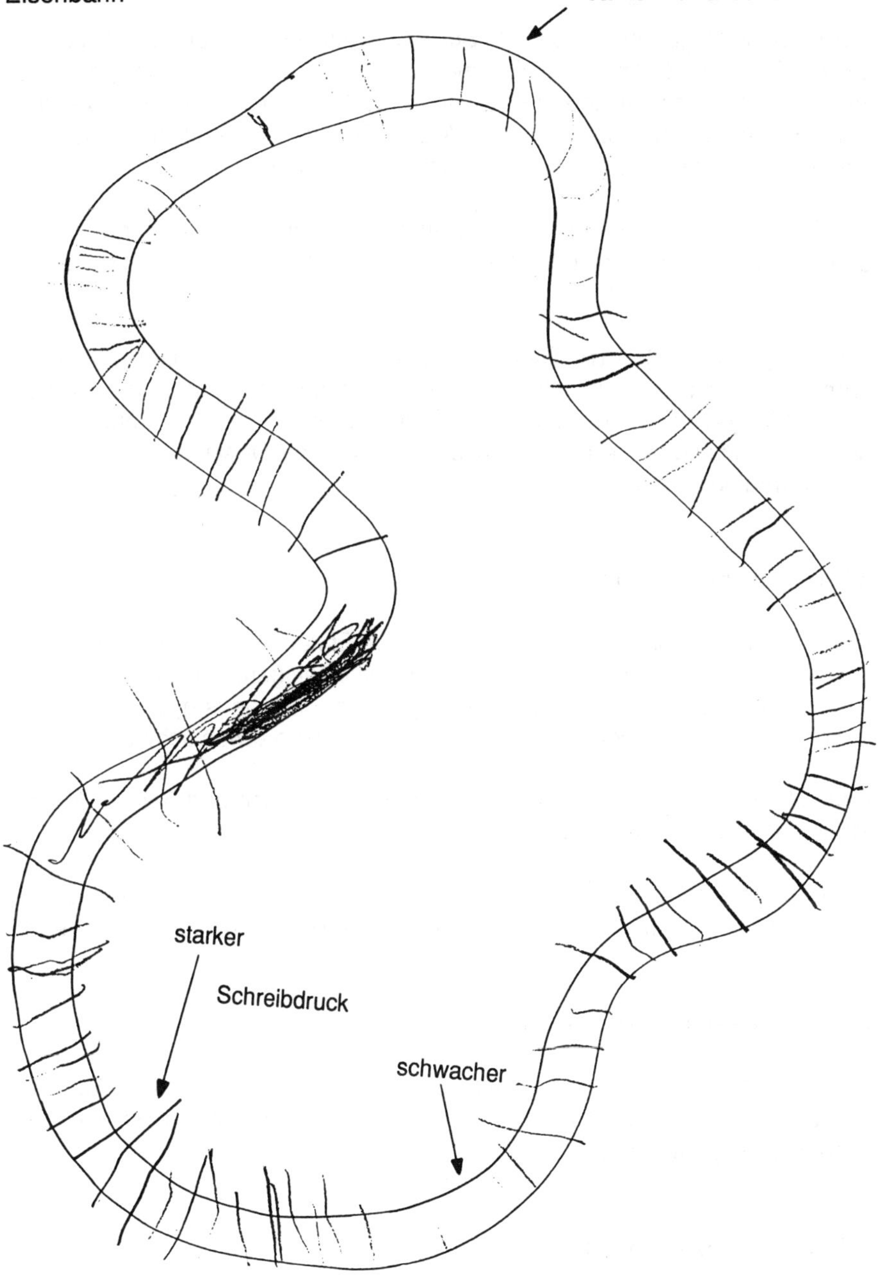

2.2. Marco* geb. 3. 9. 1978

Seit dem Kindergarten ist Marco im Schulheim Rossfeld in Bern. Er besucht die zweite Klasse und hat wöchentlich zwei Stunden Ergotherapie. Diagnostiziert wurde bei ihm minimale cerebrale Bewegungsstörung, leichte Ataxie und Hypotonie. Seine Sprache bereitet ihm viel Mühe. Er spricht undeutlich und hypoton, wobei sein Satzaufbau und sein Wortschatz altersgemäß sind.

Die Therapeutin arbeitet mit Marco überwiegend mit Sensory-Integration, um den Muskeltonus und seine Merkfähigkeit zu verbessern. Er spricht gut darauf an.

Erfassung: Wir hatten die Gelegenheit, während drei Lektionen mit Marco arbeiten zu können. Er ist allgemein nicht sehr belastbar und durch die Fülle unserer Aufgaben ermüdet er schnell. Seine Motivation und Konzentration sind ganz unterschiedlich. Aufmerksamkeit wechselt mit Desinteresse, wobei er immer unruhiger wird.

2.2.1. Bewegungskoordination

Das Hüpfen bereit ihm große Schwierigkeiten. Er kann nicht mit beiden Beinen gleichzeitig abheben und mit seinen Armen mitschwingen. Seine Körperhaltung ist verkrampft und leicht vornübergebeugt. Aufgrund seines hypotonen Tonus hat er Mühe sich aufrecht zu halten und wirkt deshalb etwas schwerfällig.

Beim Hampelmann fehlt das Zusammenspiel von Armen und Beinen. Nur mit Mühe kann er ein-, zweimal diese Figur ausführen.

Nach einem bestimmten Rhythmus gehen oder gar Hüpfen ist für ihn unmöglich. Er kann sich nicht auf den gehörten Takt einstellen und sich nach ihm bewegen.

2.2.2. Augen-Hand-Koordination

Mit dem Ball kann er gut umgehen. Er wirft, fängt und prellt den Ball ohne Schwierigkeiten. Wie schon unter Punkt 2.2.1. erwähnt wurde, ist auch hier seine Körperhaltung eher "en bloc".

2.2.3. Feinkoordination

Alle diese Übungen führt er sehr genau und gut aus. Dabei wirkt er konzentriert.

2.2.4. Oberflächensensibilität

Er ist unsicher beim Ertasten der verschiedenen Materialien und versucht, in den Sack zu schauen. Es fehlt ihm Vertrauen, sich nur auf das Gespürte zu verlassen. Er möchte lieber mit den Augen nachkontrollieren, bevor er sich endgültig festlegt.

2.2.5. Tiefensensibilität

Alle Positionen kann er korrekt nachahmen.

2.2.6. Graphomotorik

(Vergleiche dazu auch die nachfolgenden Blätter.)
Er hat sich im Verlauf des letzten Jahres zum Linkshänder entwickelt. Den Stift hält er im Dreipunktgriff ohne Verkrampfung der Finger. Die Strichübungen führt er gut aus, wobei aber bei den Tiersprüngen eine leichte Unregelmäßigkeit zu beobachten ist. Er hat Mühe einen Rhythmus zu finden und muß deshalb häufig absetzen.

Die Schriftprobe ist sehr kurz ausgefallen (Zeitmangel). Gemäß seiner Lehrerin bestehen aber keine graphomotorischen Probleme (siehe Kopie aus seinem Schulheft), sondern Schwierigkeiten in der auditiven Wahrnehmung.

2.2.7. Herauskristallisieren der Schwierigkeiten

- **Bewegungskoordination**

Hüpfen vorwärts	Rumpfstabilität (Hypotonie)	Tonusaufbau (S. 58)
Hampelmann	Zusammenspiel von Armen und Beinen	Körperempfinden (S. 61)
Gehen und Hüpfen nach vorgegebenem Rhythmus	Rhythmus	Körperempfinden, Rhythmus (S. 61)

- **Graphomotorik**

Schriftprobe	Rhythmus	Körperempfinden, Rhythmus (S. 61)

Die Graphomotorik von Marco können wir zu wenig beurteilen oder bestätigen, daß keine Probleme vorhanden sind. Eine Rhythmusförderung könnte positiven Einfluß auf seine etwas abgehackte Schrift haben.

2.2.8. Grundsätze der Therapie

Wir sind uns bewußt, daß Marco durch seine Ataxie noch mehr Schwierigkeiten bewältigen muß als die anderen von uns beschriebenen Kinder. Trotzdem kann aber mit unserem Schema der Erfassung und Übungen gearbeitet werden. Auf Grund seiner Bewegungsschwierigkeiten liegt der Schwerpunkt der Therapie bei den Grundübungen. Wichtig dabei ist der Aufbau des Tonus sowie die Integration von vorgegebenen Rhythmen. Bei den graphomotorischen Vorübungen werden große Bewegungen aus Schulter, Handgelenk und Fingern durchgeführt. Auch hier wird mit Hilfe von Rhythmen gearbeitet, ebenso wie bei den graphomotorischen Übungen.

Graphomotorische Übung
"Känguruh"

Graphomotorische Übung
"Freie Zeichnung"

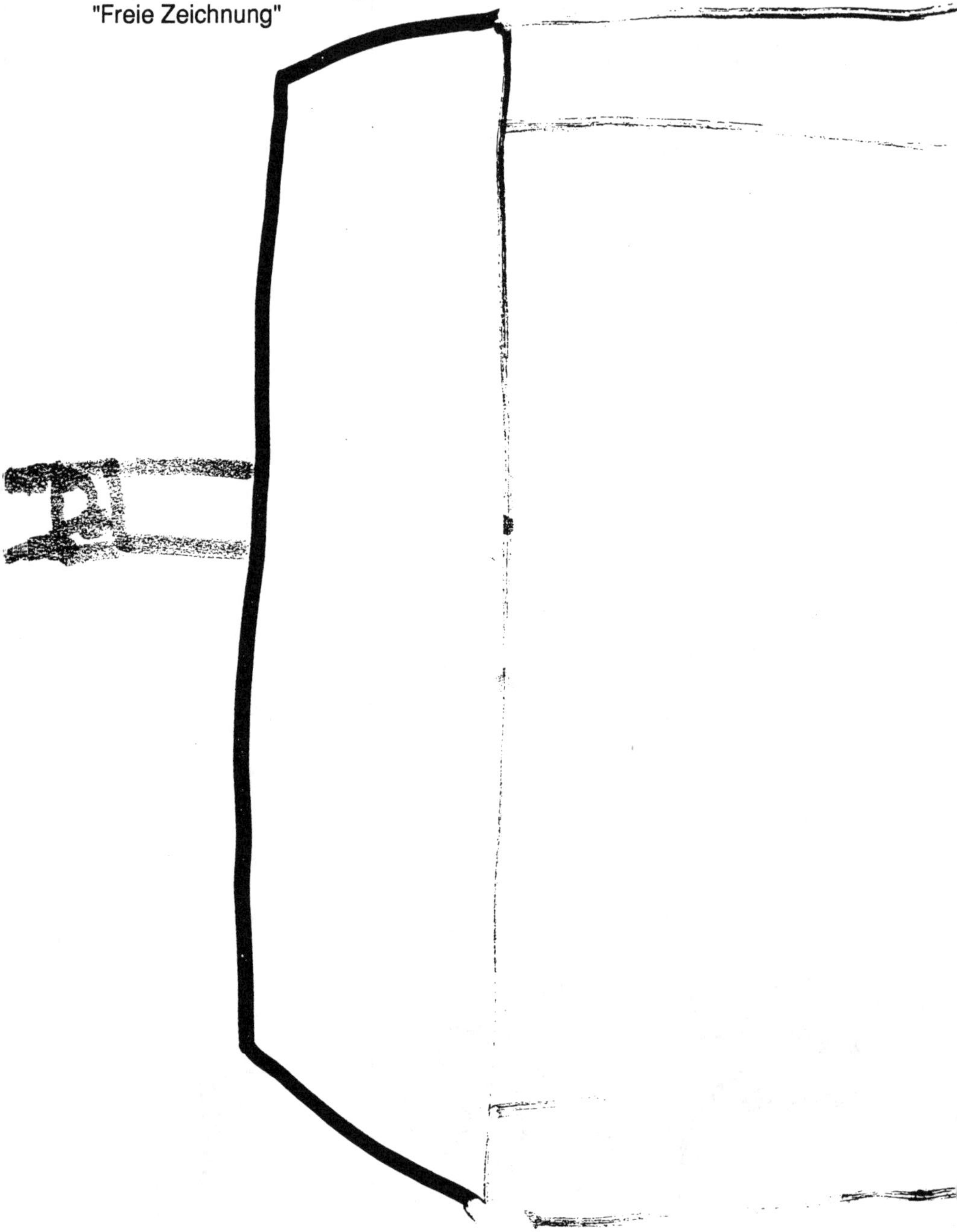

Graphomotorische Übung
"Eisenbahn"

Graphomotorische Übung "Schriftprobe"

Es eiml ein König. der
seine Ze

Kopie aus seinem Heft

Vier und sieben sind 11.
DerSkifahrer fliegt durchs Ziel
Die Ziege liegt. auf der
Wiese. Riesensind viel
stärker als du.

2.3. Peter* geb. 15. 12. 1976

Peter besucht die vierte Klasse im Schulheim Rossfeld in Bern. Er ist ein feingliedriger Junge und wirkt jünger als er ist. Auffällig ist seine motorische Unruhe sowie sein Stottern, das je nach Wichtigkeit der Mitteilung stärker oder schwächer ist.

Diagnostiziert wurde bei ihm eine minimale cerebrale Bewegungsstörung mit athetotischer Komponente.

Der Schwerpunkt der zweimal pro Woche stattfindenen Ergotherapie liegt einerseits in grobmotorischen Aktivitäten nach Jean Ayres, andererseits im perzeptiven Bereich (re-li-Unterscheidung, Spiegelbild, Bewegungsplanung an sich und an der Marionette).

Erfassung: Wir arbeiten mit Peter drei Lektionen. Er macht motiviert und innerhalb der einzelnen, kurz dauernden Aufgaben auch konzentriert mit.

2.3.1. Bewegungskoordination

Peter führt alle vier Übungen ohne Probleme aus. Seine Bewegungen sind dabei aber etwas steif, ihm fehlen die lockeren Mitbewegungen der Arme.

2.3.2. Augen-Hand-Koordination

Beim Prellen verkrampft er sich in den Beinen, sonst kann er gut mit dem Ball umgehen.

2.3.3. Feinkoordination

Er hat Mühe mit dem Zusammenspiel beider Hände (u. a. wenn einmal die linke, einmal die rechte Hand arbeiten soll). Bei feinmotorischen Aufgaben ist er recht geschickt, zum Teil etwas ungenau. Schere und Bleistift hält er verkrampft. Bei diesen Übungen hat er u. a. im Mundbereich Mitbewegungen.

2.3.4. Oberflächensensibilität

Peter nimmt vermutlich durch seine Hypersensibilität Gegenstände gar nicht richtig in die Hand und läßt sich auch keine Zeit, sie zu erkennen. Er hat sowohl im Zuordnen von gleichen Materialien wie auch im örtlichen Erkennen der Berührung Schwierigkeiten.

2.3.5. Tiefensensibilität

Er kann alle Positionen richtig nachahmen.

2.3.6. Graphomotorik

(Vergleiche dazu auch die nachfolgenden Blätter.)
Peter ist Rechtshänder. Er hält den Stift zwischen Daumen und Zeigefinger, wobei er mit dem Daumen stark drückt. Die Strichführung ist meist präzis. Peter schreibt langsam und drückt kräftig und zum Teil auch unregelmäßig (siehe Känguruh-Blatt).

Durch seine Hypotonie im Rumpf hält er seinen Oberkörper stark nach vorne gebeugt.

2.3.7. Herauskristallisieren der Schwierigkeiten

- **Bewegungskoordination**

Hüpfen etc.	steife, verkrampfte Bewegungen	Lockerung, Entspannung (S. 67) Gleichgewicht (S. 63) Tonus (S. 58)

- **Feinkoordination**

Abwechselnd eine Faust auf die andere Hand	Zusammenspiel beider Hände	Hand-Hand-Koordination (S. 65 / S .76)
Falten	Präzision	Finger- u. Handkoordination (S. 76)

- **Oberflächensensibilität**

Gegenstände, Berührungen erkennen	Hypersensibilität	Körperempfinden (S. 61) Oberflächensensib.(S. 69)

- Graphomotorik

Sitzhaltung	stark vornüber-übergebeugt	Tonusaufbau (S. 58)
Stifthaltung	verkrampft	Lockerung (S. 67 / S. 79)
Schreibdruck	Kraftdosierung	Kraftanpassung Druck (S. 76)

2.3.8. Grundsätze der Therapie

Die Therapie beginnt mit Grundübungen. Hier stehen Gleichgewicht, Körperempfinden und Lockerung im Vordergrund (Reduktion der Verkrampfung, Aufbau von Rumpftonus und Gleichgewicht). Wichtig ist der Einsatz verschiedener Materialien, die - gut dosiert - seine Hypersensibilität vermindern sollen. Nach dieser Vorbereitung des ganzen Körpers kann mit graphomotorischen Vorübungen begonnen werden. Dabei sind u. a. Übungen der Finger- und Handkoordination sowie Lockerungsübungen wichtig. Erst am Schluß werden graphomotorische Übungen durchgeführt.

Graphomotorische Übung
"Känguruh"

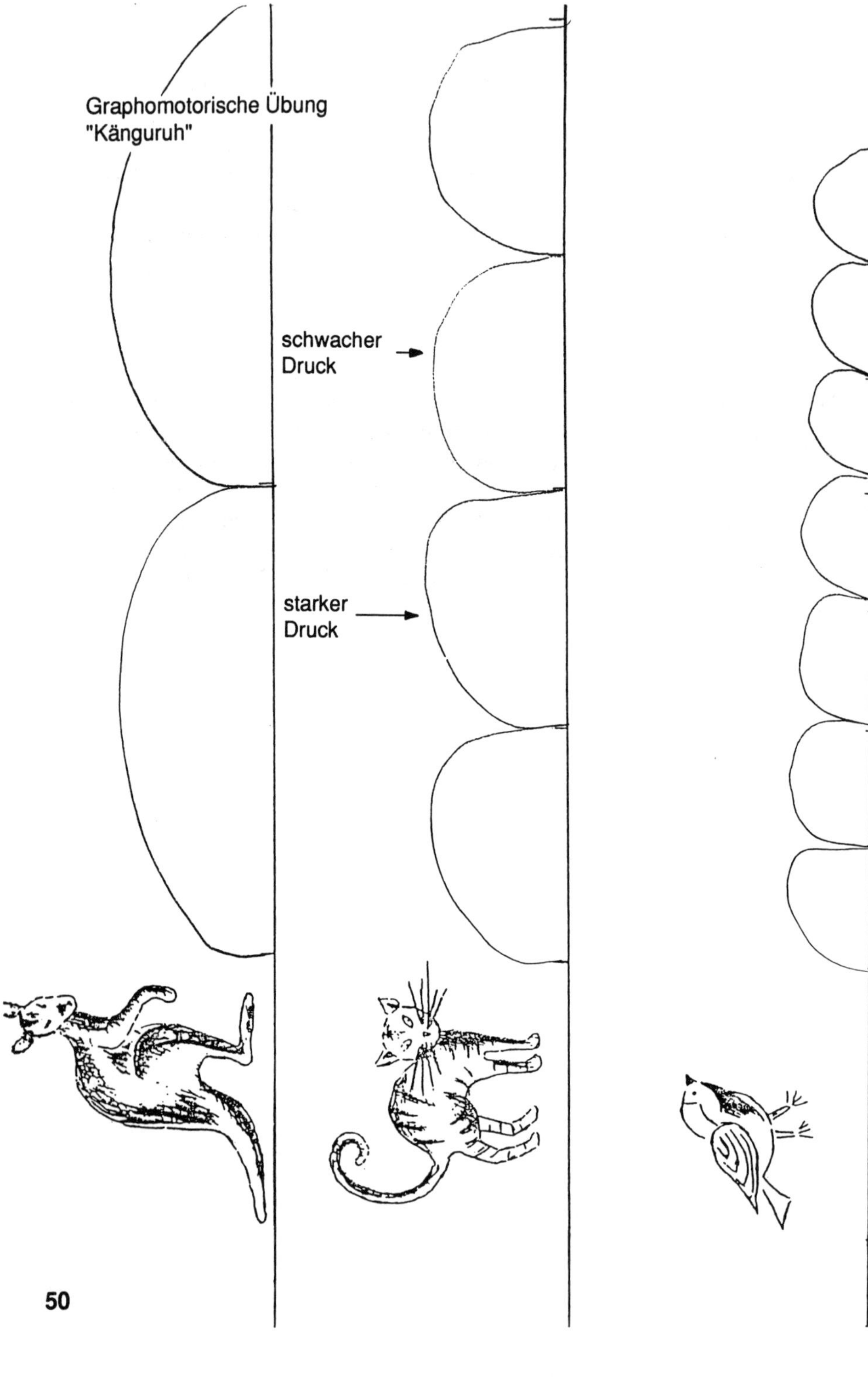

Graphomotorische Übung
"Freie Zeichnung"

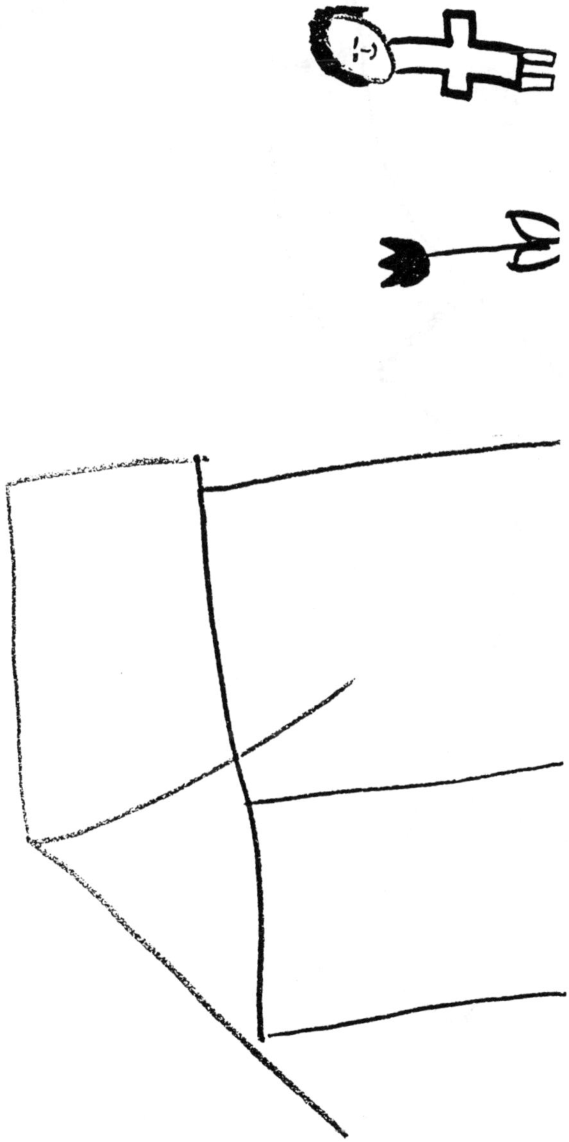

Graphomotorische Übung
"Eisenbahn"

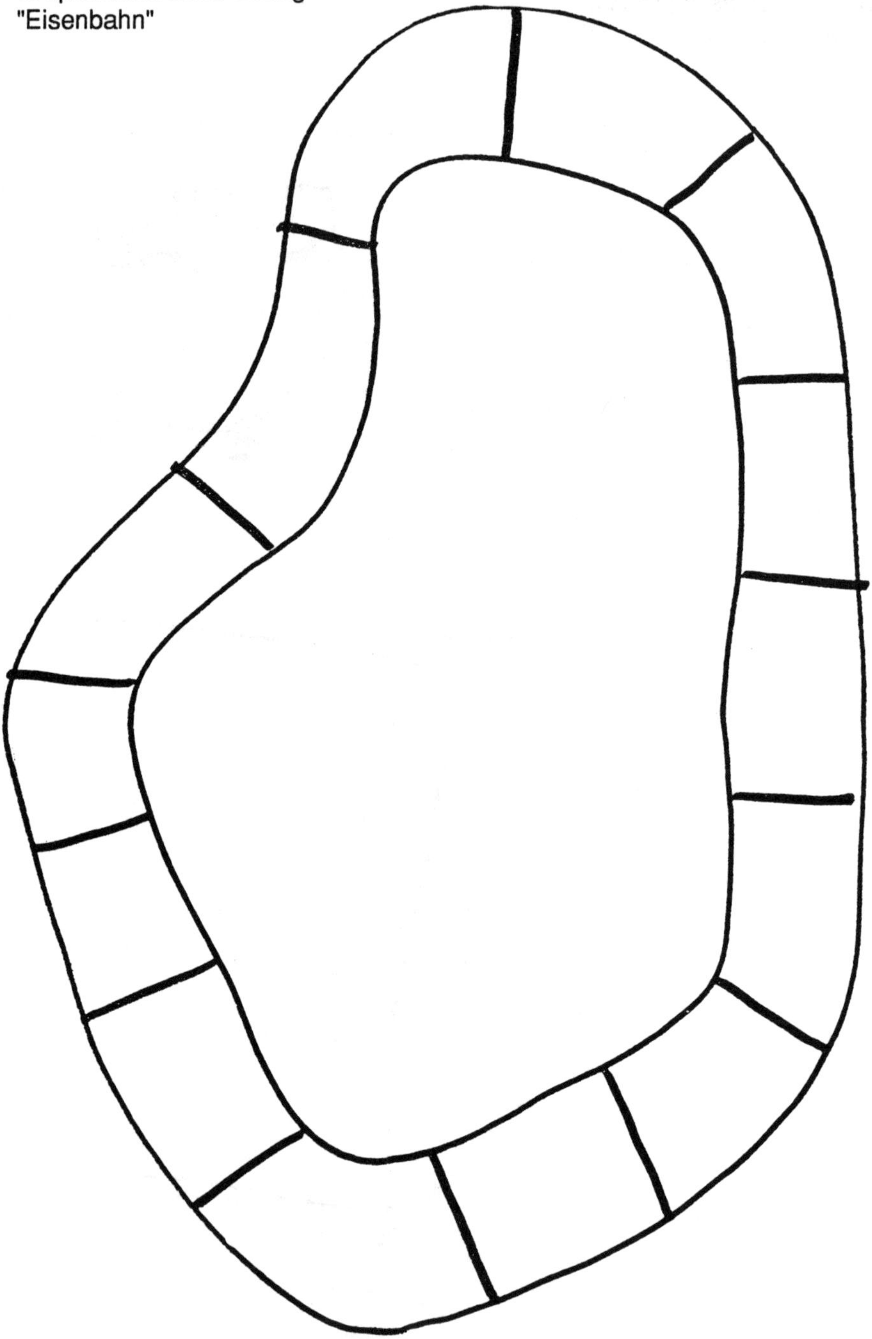

Graphomotorische Übung
"Schriftprobe"

Heute habe wir Spottag

Kopie aus seinem Heft

Die Flaschenpost

Der Sohn schreißt einen Brief. Er schiebt ihn in die Flasche. Der Mann wirft die Flasche ins Wasser. Da schwimmt ein Mann im Wasser. Da fällt dem Mensch die Flasche auf den Kopf.

II. Teil: B. Übungen

"Das Kind lernt gewöhnlich zunächst mehr grobe Kontrolle, bevor es die genauere Kontrolle lernt, die für feine motorische Aktivität wie das Schreiben notwendig ist. Beginnt das Lernen mit umfassenden körperlichen Übungen und wird es danach zu genaueren Bewegungen verfeinert,dann bleibt die perzeptiv-motorische Kontrolle mit der Reaktion des Gesamtorganismus verknüpft. Wird motorische Feinkontrolle vor oder ohne grobmotorische Kontrolle erlernt, so kann sich diese genaue Kontrolle zu einer Splitterfertigkeit entwickeln, die von der übrigen Gesamtaktivität des Körpers abgetrennt ist. Man muß sich daher sorgfältig versichern, daß das Kind die grobe perzeptiv-motorische Zuordnung für den ganzen Körper erlernt hat, ehe man von ihm die genaue Kontrolle von Hand und Finger verlangt." (Nevell C. Kephart)

Wir haben den Aufbau in diesem Sinne gestaltet, d. h. vom Grobmotorischen bis hin zu der feinsten Koordinationsleistung, dem Schreiben.

Da wir uns auf die Sensomotorik beschränkt haben, sind wir auch im Übungsteil nicht speziell auf Wahrnehmung eingegangen, sind uns ihrer Wichtigkeit aber bewußt.

Die verschiedenen Übungen sollen Anregungen vermitteln, um dem Problem der graphomotorischen Störungen näher zu kommen. Alle Punkte lassen sich mit der Phantasie erweitern, wir erheben keinen Anspruch auf Vollständigkeit.

Viele Übungen lassen sich draußen z. B. auf einem Spielplatz verwirklichen. Je nach Situation und Kind können somit auch andere Kinder miteinbezogen werden .

Die Atmung haben wir nicht als besonderen Punkt erarbeitet, weil wir für spezielle Atemübungen zu wenig kompetent sind. Es scheint uns aber sehr wichtig, das Kind und seine Atmung zu beobachten und in die Übungen zu integrieren .

Die Illustrationen stammen von Frau U. Schwager-Vollenweider, Ergotherapeutin, Zürich.

3. Grundübungen

3.1. Tonusaufbau

3.2. Körperempfinden

3.3. Gleichgewicht

3.4. Bewegungs- und Augenkoordination

3.5. Lockerung / Entspannung

3.6. Oberflächensensibilität

Tonusaufbau

3.1. Tonusaufbau

3.1.1. Rotation

- stehend mit Medizinball, drehen alleine oder
  als Partnerübung: Stab, Band, Ball weitergeben
- dasselbe sitzend
- stehend, gestreckte Arme in der Luft Würfel formen

3.1.2. Kokontraktion

- Garettle: Hindernislauf, Staffette
- großer Ball: Bauchlage,Hüfte stabilisieren
- Tiere nachahmen: Gewicht auf Arme verlagern: Känguruh,
  Froschhüpfen, ausschlagender Esel

3.1.3. Hüpfen / Springen

- Gummitwist
- Seil
- Himmel und Hölle
- Seilstraßen legen
- Reifen legen oder kreiseln
- Güggelikampf
- Bewegen, gehen auf weicher Unterlage
- (Trampolin)

3.1.4. Gleichgewicht
(erscheint nochmals als eigenes Kapitel)

- Schaukelbrett
- Pedalo
- T-Stuhl oder Melkstuhl
- auf Bank oder Seil Balancieren
- auf Auto- oder Lastwagenschlauch gehen

3.1.5. Klatschen

- Klatschspiele mit Versen und Liedern
  alleine oder mit Partner
- mit dem Ball gegen die Wand oder mit Partner

3.1.6. Konzentration / Geschicklichkeit

(Für diese Kinder ist es oft wichtig, daß sie etwas können, was andere nicht können. Anhand dieser Spiele läßt sich das verwirklichen.)

- Diabolo: als Vereinfachung der Riesenspule
- Jonglieren: mit Bällen, Tellern, Reifen oder Keulen
- Ballspick-Fangspiel
- Wurf-Ziel-Spiele: Pfeilwerfen, Büchsenwerfen
- Hindernisparcours
- Tennisball auf Löffel balancieren
- Klangröhren
- auf Zeichen starten und bremsen
- Ballonspiele

3.1.7. Arbeiten gegen Widerstand

- bearbeiten von verschiedenen Materialien
- Achse mit Räder stoßen
- Widerstand gegen den Therapeut oder sich selber: Liegestütze
- Gummischlauch: in einen Parcours einbauen

3.1.8. Austoben im Material

- mit großem Tuch
- Kissen- oder Schneeballschlacht
- großes Styropor-Becken

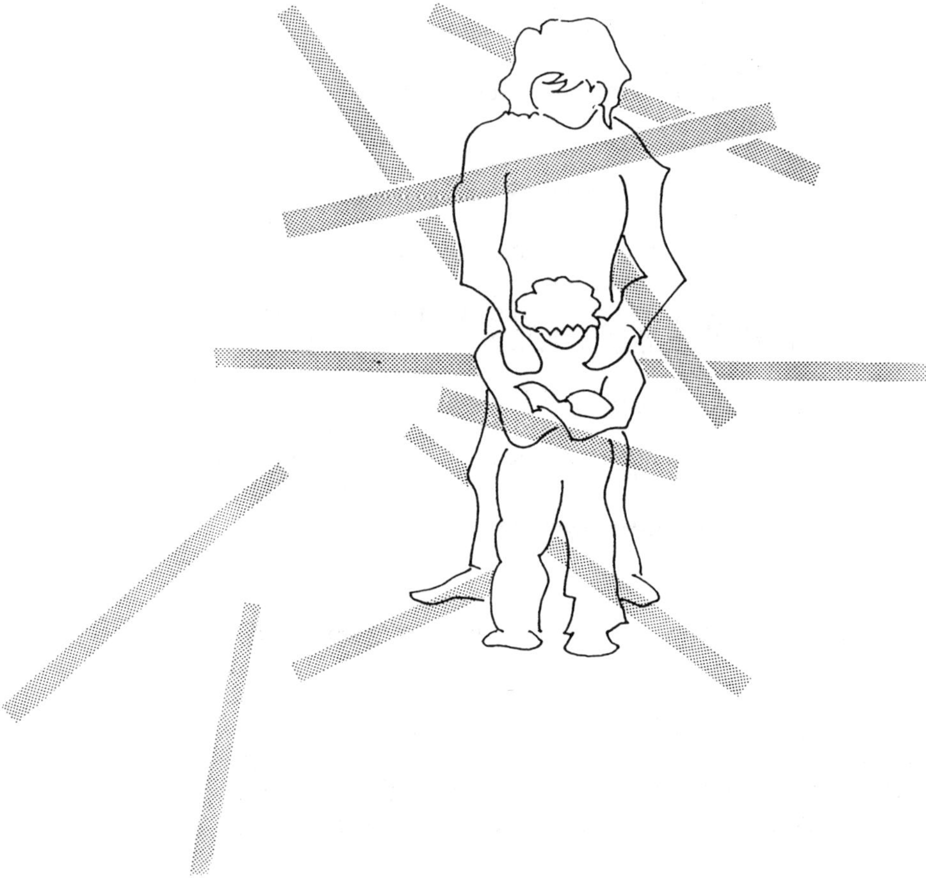

Körperempfinden

3.2. Körperempfinden

Das Körperempfinden ist ein wichtiger Punkt innerhalb der gesamten Behandlung. Durch die Erfahrung, welche wir dem Kind zu vermitteln versuchen, kann es sich und seine Grenzen besser kennenlernen.

3.2.1. Eigenen Mittelpunkt finden

- Massage: mit Ball, kleinen Rundhölzchen
- Hängematte
- Musik
- Abbau der überschüssigen Energie

3.2.2. Körpererfahrung im Material

- einwickeln in großen Tücher oder in Papier
- rollen, wälzen über ein Feld verschieden weicher Unterlagen: Matten, Feder-, Luftmatratzen, Kissen, Schaumstoff usw.
- baden in verschiedenen Materialien: Styropor, Bälle, Schaumstoff
- Tuchtunnel
- abreiben mit: Fell, Schwamm, rauhem Handtuch oder Bürste

3.2.3. Körperbeherrschung / Haltung und Gefühl für räumliche Beziehung

- Positionen und Bewegungen nachahmen: ab Bild, anderer Person oder verbal (li/re)
- Hindernisparcours mit oben/unten, hinten/vorn, innen/außen
- Umfahren der eigenen Person mit Farbe
- Ball über Arme, Beine, Körper vorsichtig rollen
- Engel (im Schnee) auf Papier

3.2.4. Kraft (siehe unter Tonusaufbau Punkt 3.1.7.)

3.2.5. Rhythmus

- gehen nach vorgegebenem Rhythmus: schleichen, auf Zehenspitzen große Schritte, stampfen, mit Sandsäcken auf dem Kopf ...
- Orff-Instrumente
- Klatschspiele
- Silben- und Wortklatschen
- Schaukel verbunden mit Tätigkeit
- Wandtafel: Ein- und Ausatmen sichtbar machen mit Strichen

Gleichgewicht

3.3. Gleichgewicht

3.3.1. Eigenen Körper auf dem Boden spüren

- stehend mit geschlossenen Augen Gleichgewicht halten
- Fersen etwas vom Boden abheben und Arme zum Ausbalancieren brauchen
- dasselbe auf einem Bein

3.3.2. Schaukelbrett

- siehe Punkt 3.3.1.
- mit Ball prellen: unterschiedliche Ballgrößen, ein- und zweihändig
- Ziel werfen: Säcklein oder Ringe
- an der Decke ein Pendel befestigen: jedes Mal berühren, wenn er vorbeischwingt

3.3.3. Seil oder Brett

- darüber balancieren: vorwärts und rückwärts
- auf einem Bein stehen
- aus der Grätschstellung (Seil zwischen den Beinen) auf das Brett/ Seil hüpfen

3.3.4. Auto-, Lastwagenschlauch und Trampolin

- sind beides gute und sehr beliebte Mittel, die aber nicht in vielen Ergotherapien verwendet werden.

Bewegungs- und Augenkoordination

3.4. Bewegungs- und Augenkoordination

In diesem Punkt ist auch die sogenannte Finger- und Handgeschicklichkeit enthalten mit:

- Präzision, Zielen, Kraftanpassung
- Schnelligkeit, Reaktion
- Starten, Bremsen usw.

3.4.1. Augen-Hand-Koordination / Hand-Hand-Koordination

- Mikado
- Flohspicken
- Chügelispiel
- Steckspiele
- Carombol
- Pfeilwerfen / Wurfspiele
- alle Geschicklichkeitsspiele siehe Punkt 3.1.6.

- Zeichnungsspiele
- Falten
- Scherenschnitt

- Pferderennen
- Müslispiel

3.4.2. Augenkontrolle

- verfolgen: Ball rollen
  Pendel an der Decke befestigen
  Licht der Taschenlampe
  Chügelibahn

- fixieren: Nagel einschlagen
  mit einem Schubkarren eine Linie entlangfahren

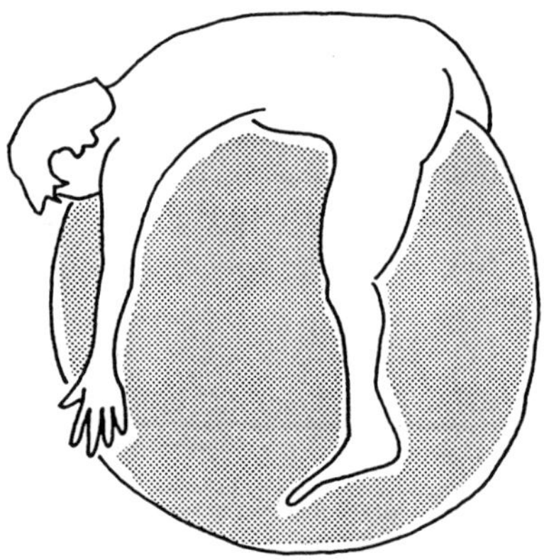

Lockerung / Entspannung

3.5. Lockerung / Entspannung

In diesem Kapital möchten wir ganzheitlich auf das Kind einwirken, d. h. auf den psychischen Zustand wie auch auf das Normalisieren des Tonus.

Um dem hyperaktiven Kind besser begegnen zu können, sind eine reizarme Umgebung und ein gutes Verhältnis zwischen Therapeut und Kind Voraussetzungen für eine entspannte Behandlung.

3.5.1. Nachahmen von Situationen, Gegenständen und Gefühlen

- einen fröhlichen / traurigen Gang
- einen alten Menschen, einen Betrunkenen
- aufwachen, müde sein
- frieren / schwitzen
- leise auf den Zehenspitzen / laut stapfen
- Ballon, welchem die Luft ausgeht

3.5.2. "Marionette" spielen

- sitzend oder liegend sich vorstellen eine Marionette zu sein, der Therapeut bewegt Arme, Beine, Kopf usw.

3.5.3. Übertragen von Gehörtem

- gehen nach Musik / Schlaginstrumenten, verbaler Aufforderung, vormachen
- sich bewegen zu einer Geschichte: öffnen einer Blüte

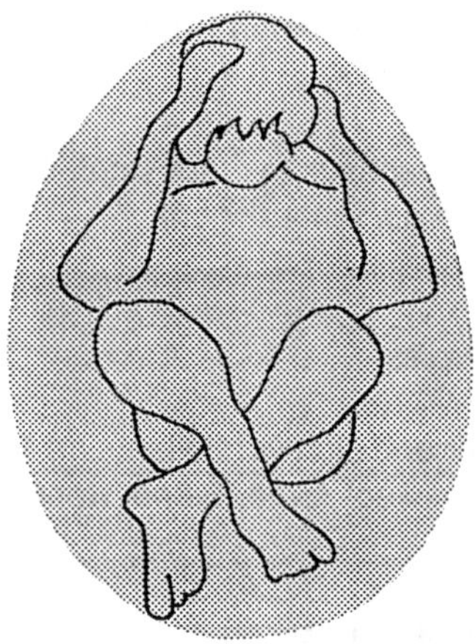

Oberflächensensibilität

3.6. Oberflächensensibilität

- Tastsäcklein mit unterschiedlichen Materialien
- Tastlandschaft, Tastbüchlein
- abreiben, berühren mit verschiedenen Materialien (s. Punkt 3.2.2.)
- Naturmaterialien: experimentieren mit Sand, Wasser, Ton, Teig, Knet
- auf großem Spiegel mit Fingerfarben, Rasierschaum
- Tastdomino, -memory

Wir sind uns bewußt, daß die Oberflächensensiblität in allen Übungen eine Rolle spielt. Es scheint uns dennoch wichtig, diese separat zu fördern.

4. Graphomotorische Vorübungen

4.1. Große Bewegungen aus Schulter, Handgelenk und Fingern

4.2. Kräftigung der Finger- und Handmuskulatur

4.3. Finger- und Handkoordination

4.4. Lockerung

Die graphomotorischen Übungen sind Übungen zur Schulung der Feinkoordination im Hinblick auf die Schreibleistung. Sie werden mit verschiedenen Materialien am Tisch, wie auch an der Wand oder im Raum ausgeführt.

Ziele dieser Übungen sind:

- Anbahnung und Schulung der Strichführung (zielen, steuern, bremsen)

- Fähigkeit zur Tempoanpassung

- Einhalten eine Rhythmusses / Schreibflusses

- Druckdosierung

Große Bewegungen aus Schulter, Handgelenk u.Fingern

4.1. Große Bewegungen aus Schulter, Handgelenk und Fingern

Das Kind soll großzügige, lockere Bewegungen auf einer großen Fläche ausführen. Alle Übungen können sowohl beidhändig wie auch einhändig durchgeführt werden.

4.1.1. Übungen an der Wandtafel

- große Kreisbewegungen im Uhrzeiger- und Gegenuhrzeigersinn
- Achter-Schlaufe
- freie Kritzelbewegungen
- Regen, Schnee etc. zeichnen (auch waagerechte Striche)
- Zick-Zacklinien z. B. Tannenbaum zeichnen
- Girlanden, Spiralen etc. zeichnen

4.1.2. Übungen mit Fingerfarbe / Rasierschaum

- Finger "tanzen" lassen
- Feuerwerk zeichnen
- Fingerspuren miteinander verbinden
- Spiegel mit Rasierschaum einreiben
- Glasplatte mit Farbe, Muster zeichnen → Abzug auf Papier

4.1.3. Übungen mit dem Pinsel

- "Rennbahn" zeichnen
- alle Übungen der Wandtafel eignen sich auch mit Papier und Pinsel

Kräftigung der Finger- und Handmuskulatur

4.2. Kräftigung der Finger- und Handmuskulatur

Bei diesen Übungen wird mit Materialien gearbeitet, die einen Krafteinsatz der Fingermuskulatur verlangen.

- Kneten mit verschiedenen Materialien: Ton, Plastilin, Teig etc.
- Zerknüllen von Zeitungen
- gezieltes Zerreißen von Zeitungen: Streifen, Tiere
- mit Wäscheklammer Papierkügelchen oder anderes "fressen"

Finger- und Handkoordination

4.3. Finger- und Handkoordination

4.3.1. Beherrschung von Fingerpositionen

Hier geht es darum, einzelne Finger unabhängig von den anderen zu bewegen.

- Fingerspiele mit: angemalten Fingern, Fingerhütchen, -puppen
- Raupenspiel mit Verbandsklammern (fixieren, ziehen, nachschieben mit zwei Fingern)
- Handschattenspiele
- Finger mit Farbe über das Blatt spazieren lassen

4.3.2. Präzision / Zielen

Die Bewegungen müssen an einen genau bestimmten Ort geführt werden.

- Marmeln in Löcher spicken
- mit beiden Händen gleichzeitig zu einem vorgezeichneten Punkt in die Mitte der Wandtafel kommen
- auf Kommando auf Blatt gezeichneten Ball in gezeichneten Korb führen
- vorbeischwingenden Pendel berühren oder mit dem Pendel zielen
- mit Magnetkugeln "Schlangen" oder "Pärchen" bilden

4.3.3. Kraftanpassung / Druck

Diese Übungen werden mit Materialien durchgeführt, die einen fein dosierten Widerstand fordern.

- Nähmaschine: mit der Hand Pedal bedienen
- weiche Masse (z.B. Quark) auf ein Knäckebrot streichen
- Papier reißen
- Schneiden von Ton, Watte

4.3.4. Schnelligkeit / Reaktion

Diese Übungen sollen zu einer Reaktion der Finger- und Handkoordination in einer möglichst kurzen Zeit führen.

- mit Musik zeichnen, bei Unterbrechung der Musik aufhören
- Autorennen: möglichst schnell auf einer vorgegebenen Linie entlangfahren
- Partnerübungen: auf den anderen reagieren z. B. einer zeichnet waagerechte Striche, der andere muß möglichst schnell senkrechte Striche zeichnen

4.3.5. Starten / Bremsen

Die Übungen beginnen an einem exakt bestimmten Ort und enden auch an dem gleichen Ort.

- an der Wandtafel vorgegebene Punkte oder Zahlen miteinander verbinden
- Labyrinth nachfahren
- Korken, Holzklötze etc. auf einem Blatt festkleben und mit Strichen verbinden

Lockerung

4.4. Lockerung

4.4.1. Armlockerung

- Arme zum Takt von Musik bewegen: dirigieren, großräumig schwin gen
- in Rückenlage nach Musik mit den Händen auf den Boden patschen
- kleines Gewicht an einer Schnur hin und her pendeln lassen
- kreisende Bewegungen mit Seil, Tuch, Heulschlauch, langen Bänder
- Tafelputzen mit großräumigen Hin- und Herbewegungen
- mit Taschenlampe kreisen aus den Schultern

4.4.2. Handgelenk- und Fingerlockerung

- ausschütteln der Finger und kreisen
- Fingerverse und -geschichten
- winken
- sich Luft zu wedeln

5. Graphomotorische Übungen

Die Bezeichnung "Graphomotorische Übungen" gebrauchen wir für Übungen, die mit einem Stift (Bleistift, Farbstift, Filzstift oder Wachskreide) auf einem Blatt Papier (A 4 oder größer) sitzend durchgeführt werden.

Ziele dieser Übungen sind die gleichen wie die der graphomotorischen Vorübungen. Hier wird nur das, was in den Vorübungen mit verschiedenen Materialien angebahnt wurde, auf dem Papier weitergeführt. Der Aufbau der Übungen soll vom Großen zum Kleinen, vom Einfachen zum Schwierigen führen. Eine gute Körperhaltung ist auch hier unerläßlich. Die Übungen sollen kurz, aber regelmäßig durchgeführt werden (2 bis 3 mal pro Woche ca. 20 Minuten).

Auf dem Markt sind verschiedene Bücher mit graphomotorischen Übungsblättern erhältlich. Wir stellen drei dieser Bücher vor. Die Übungsblätter aus den Büchern bilden für uns einen Teil des graphomotorischen Trainings. Wir sind aber der Meinung, daß auch der Phantasie des Therapeuten und des Kindes zur Entwicklung eigener Übungen keine Grenzen gesetzt sind.

5.1. Im Handel erhältliche graphomotorische Bücher

Zur Veranschaulichung sind aus jedem Buch Übungsblätter verkleinert wiedergegeben. Die Originalgröße der Blätter beträgt DIN A 4 - Format.

5.1.1. Vom Strich zur Schrift (von Suzanne Naville und Pia Marbacher)

Aufbau des Übungsbuches (das Buch ist in drei Abschnitte unterteilt):

A = Der Abschnitt A enthält Blätter mit Anregungen der Strichführung, die von der Zeichnung her gegeben und offensichtlich sind.

B = Abschnitt B enthält Übungsblätter mit stufenweiser Erschwerung in der Präzision der Strichführung (d. h. im Zielen, Steuern und Bremsen) sowie in der Planung der Strichführung (Formenergänzung, Formenwiedergabe und räumliche Orientierung des Striches).

C = Im 3. Abschnitt wird die Vorbereitung zur Schrift eingeführt. Die Übungsblätter zeigen den Übergang von der Strichübung zum Buchstabenschreiben.

Beispiel:
Abschnitt A

Beispiel:
Abschnitt B

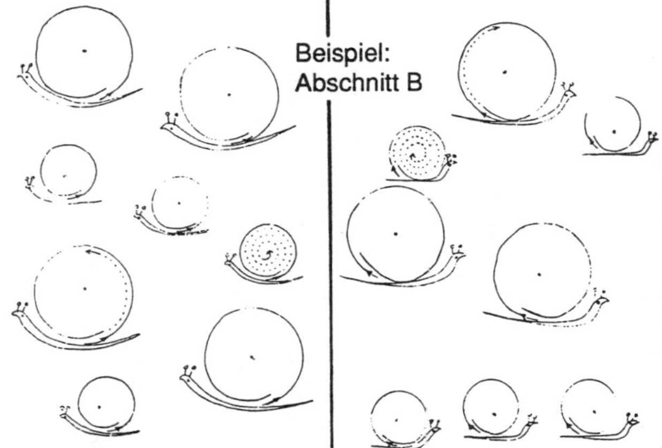

Beispiel: Abschnitt C

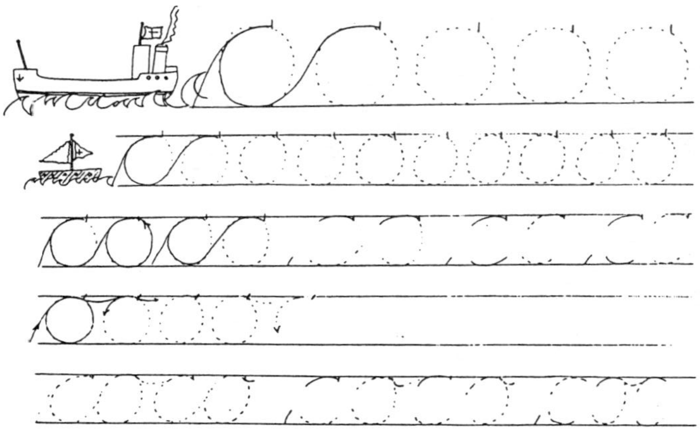

Beispiel: Abschnitt C

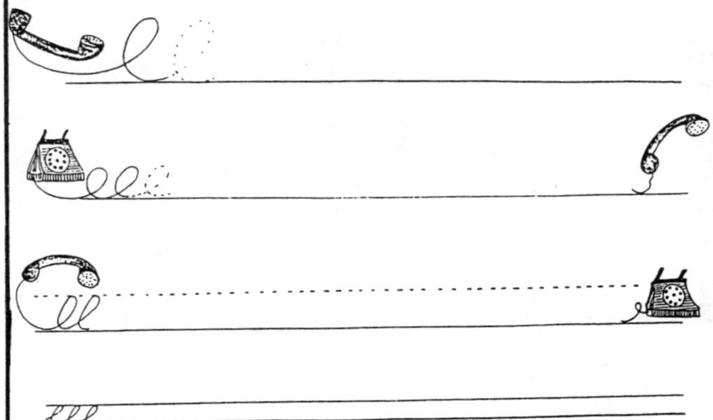

5.1.2. Marburger graphomotorische Übungen (von F. Schilling)

Die Übungen sind in sechs Kategorien unterteilt:

I.	Kritzeln:	Kritzelbilder mit großräumigen nicht eingegrenzten Kritzelbewegungen, die immer kleinräumiger werden (z. B. Wasserdampf, rauchende Schornsteine)
II.	Striche: beidseits	Striche die ohne bestimmte Anfangs- und Endpunkte sind, sowie beidseits begrenzte Striche, die immer länger werden (z. B. Regen, Stacheln von Kaktus, Eisenbahnschienen).
III.	Punkte:	Dabei sollen exakte, feine Punkte entstehen (z.B. Hühner picken Körner).
IV.	Bögen und Kreise:	Beginn mit großen Bögen in freiem Raum, die immer kleiner und eingegrenzter werden (z. B. Wellen, Eislaufen, Perlenkette)
V.	Ziel-punktieren:	Punkte müssen an einer bestimmten, vorgegebenen Stelle eingezeichnet werden (z. B. Augen einzeichnen).
VI.	Kombinationen und Muster:	Vom konkret Anschaulichen zum Abstrakten (z. B. Gegenstände vervollständigen, eine Landkarte soll weitergeführt werden).

5.1.3. Schreibschwünge (von Heinold Wachtendorf)

In diesem Buch sind jeder Schreibschwungfigur zwei Übungsblätter gewidmet. Die erste Seite dient dem Erlernen des Bewegungsablaufes. Das Kind transportiert mit dem Zeigefinger einen Knopf über die eingezeichnete Bahn zu einem bestimmten Ziel.

Auf der zweiten Seite führt das Kind die gleiche Bewegungung mit dem Schreibstift aus. Die Übungen werden oft durch Begleitverse unterstützt.

F. Schilling:
Marburger graphomotorische Übungen

I. Kritzelbilder

II. Striche

II. Zielstriche

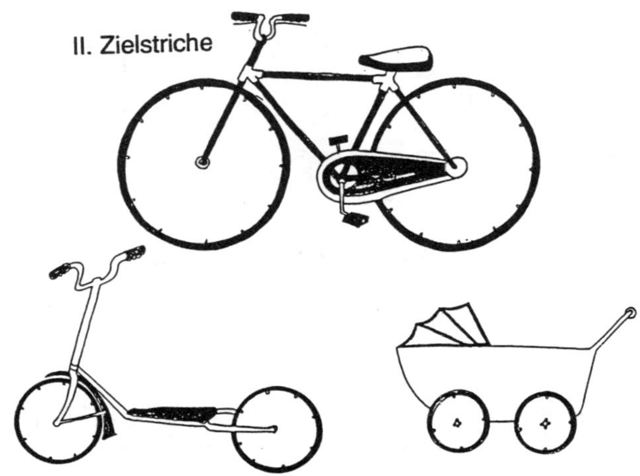

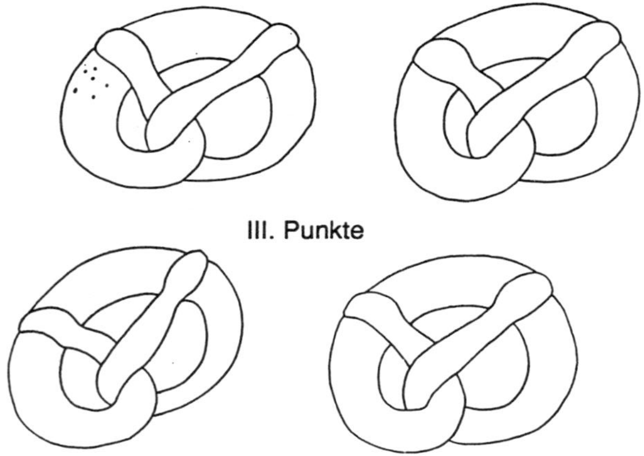
III. Punkte

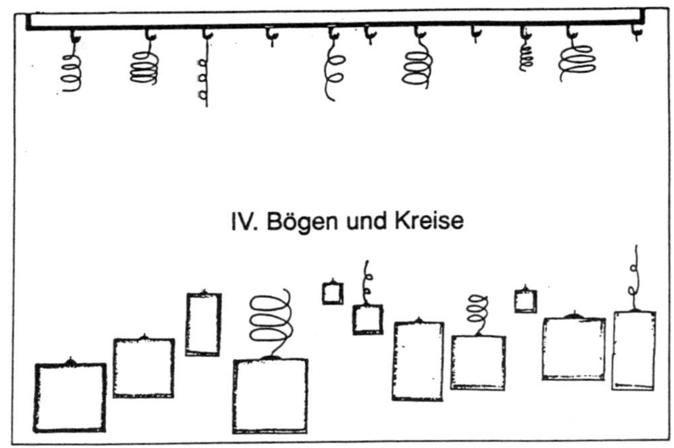
IV. Bögen und Kreise

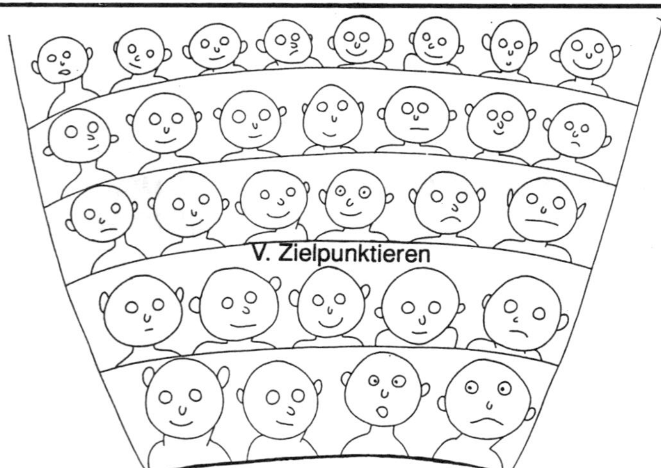
V. Zielpunktieren

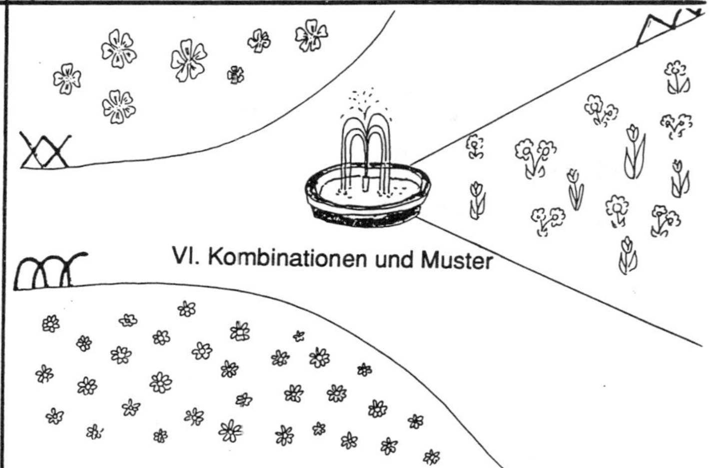
VI. Kombinationen und Muster

H. Wachtendorf: Schreibschwünge

Zungenbrechertreppe

Andere Sprecheinheit: "Immer munter, immer munter, geht 's die Treppe rauf und runter."

Räuber Stoppelbart

Er will zum Kinderkarneval. Mal ihm den Stoppelbart zu Ende.

5.2. Variationsmöglichkeiten

5.2.1. Formenzeichnen nach Rudolf Steiner

Da es uns interessierte, wie die Antroposophen ihren Schreibunterricht gestalten, besuchten wir eine Steinerschule. Dieser Besuch gab uns einige Ideen zur Gestaltung graphomotorischer Übungen. Die Schreibhefte dieser Kinder habe keine Linien, sondern farbige Balken, um die Unter-, Mittel- und Oberlänge der Buchstaben festzulegen. Solche Linien können auch für graphomotorische Übungen eingesetzt werden.

Inspiriert durch das Formenzeichnen von Rudolf Steiner haben wir verschiedene Figuren zusammengestellt. Mit farbigen Stiften ausgeführt bieten sie eine gute Möglichkeit, Formen auf spielerische Weise zu üben.

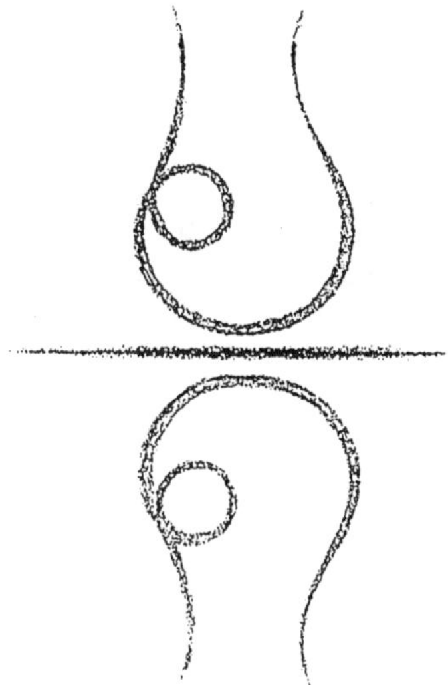

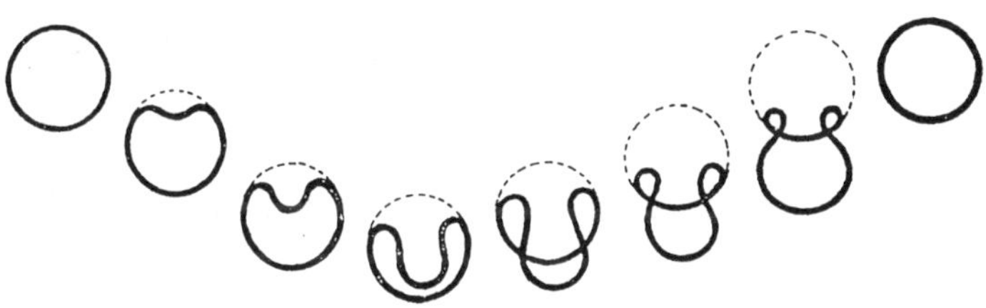

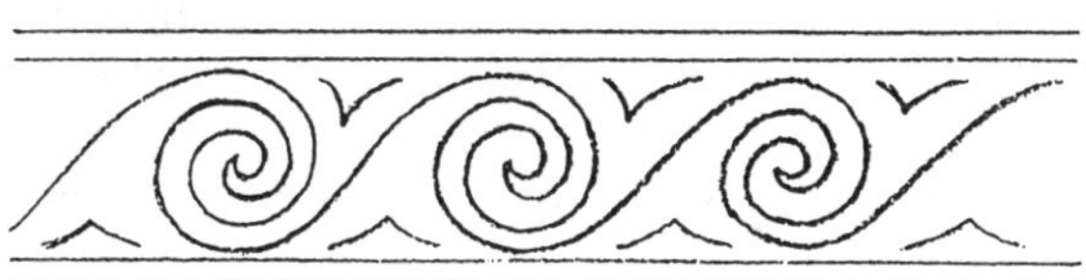

5.2.2. Übungen mit Versen

Um die Übungen spielerisch zu gestalten, können sie durch Verse unterstützt werden:

1 2
Frau Bidere, Frau Badere
1 2
was mached ehri Gäns,
1 2
sie pfludere, sie pfladere
1 2
sie schüttle ehri Schwänz

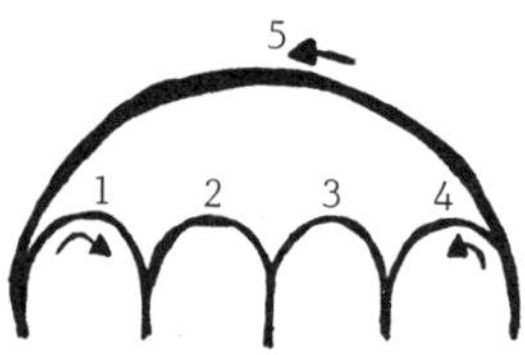

1 2 3 4
Ich bin en chline Zottelbär
4 3 2 1
ich zottle hi und zottle her
1 2 3 4
ich bin en chline Stumpe
5
und mängsmal tueni gumpä

Übungen lassen sich auch zu ganzen Geschichten ausbauen, z. B. See mit Wellen und Fischen.

Bei all diesen Übungen kann das Tempo individuell dem Kind angepaßt und variiert werden (langsam, im eigenen Tempo, schneller). Ebenso kann die Druckdosierung verändert werden, indem man das Kind auffordert, einmal ganz feine Linien zu zeichnen und einmal kräftige Spuren zu hinterlassen.

Mit etwas Phantasie kann das graphomotorische Training zu einem spannenden Therapieteil gestaltet werden.

6. Schlußgedanken

Zu Beginn unserer Arbeit sind wir vom "minimal" behinderten Kind ausgegangen, um graphomotorische Störungen zu erarbeiten. Dabei fiel uns auf, daß die Kinder, die wir meinen, als "hyperaktive Kinder" umschrieben werden. Mit der Beschränkung auf diese Zielgruppe konnten wir die weitgehend fehlende Literatur über Graphomotorik kompensieren (es gibt einige Bücher über hyperaktive Kinder).

Durch das intensive Einarbeiten ins Thema blieb uns weniger Zeit für die Übungen. Sie sind weniger umfangreich ausgefallen, als wir geplant hatten. Uns wurde auch klar, daß noch mehr Praxiserfahrung notwendig ist, um näher auf die Wirkung der Übungen eingehen zu können. Außerdem ist das graphomotorische Training eine Langzeittherapie und wir waren durch den zeitlichen Rahmen für die Arbeit eingeschränkt.

Der Ansatzpunkt der Ergotherapie liegt unserer Meinung nach in der Beobachtung der Kinder während des Schreibens. Uns interessiert, wie das Kind am Tisch sitzt, den Bleistift hält, seine Gestik, seine Bewegungen usw.

Durch unseren Erfassungsbogen erhielten wir ein umfangreiches Bild von den Kindern. Neben den sensomotorischen Informationen gibt er auch Auskünfte über kognitive und perzeptive Fähigkeiten (z. B. Handlungsplanung).

Wir haben versucht, unsere Arbeits mittels Photographien zu dokumentieren. Wegen fehlender Aussagekraft, da Rhythmus und Krafteinsatz daraus nicht ersichtlich sind, verzichten wir aber hier auch ihre Anwendung.

Aufgrund der gemachten Erfahrungen in den Therapiestunden kam zum Ausdruck, daß die Kinder keine isolierten graphomotorischen Störungen haben. Es sind meistens Symptome von tiefer liegenden Störungen wie z. B. Hypotonie, Gleichgewichtsstörungen usw. Das graphomotorische Training ist also immer als Teilbereich einer Therapie anzusehen.

Für die Beratung unserer Arbeit möchten wir uns bei Frau R. Binswanger bedanken. Unser Dank geht auch an das Ergotherapieteam im Schulheim Rossfeld und an Frau R. Joller (Kindergärtnerin) sowie an alle Kinder, die zur Entstehung unserer Arbeit beigetragen haben. Besonders bedanken möchten wir uns bei B. Schrittwieser für die persönliche Unterstützung während der Arbeit und bei U. Mühle für die Benutzung des Computers.

7. Literaturverzeichnis

Bücher

1. A. Jean Ayres: Bausteine der kindlichen Entwicklung, Berlin und Heidelberg 1984

2. Annette Bauer: Minimale cerebrale Dysfunktion und / oder Hyperaktivität im Kindesalter, Berlin und Heidelberg 1986

3. Marianne Frostig: Bewegungserziehung, München 1973

4. Hans Grissemann: Hyperaktive Kinder, Bern 1986

5. Magdalena Heermann: Schreibbewegungstherapie, München 1977

6. H. S. Herzka: Das Kind von der Geburt bis zur Schule, Basel 1975

7. Newell C. Kephart: Das lernbehinderte Kind im Unterricht, München 1977

8. Ernst J. Kiphard: Motopädagogik, Dortmund 1979

9. Ernst J. Kiphard: Mototherapie I und II, Dortmund 1982

10. Ernst J. Kiphard: Unser Kind ist ungeschickt, München 1984

11. Emil E. Kobi: Die psychomotorische Unruhe im Kindesalter, Bern 1967

12. Erich Krueger: Spielschrift, Basel 1978

13. Wolfgang Löscher: Bewegungsspiele, München 1979

14. Christa Meves: Erziehen lernen, München 1975

15. Suzanne Naville und Pia Marbacher: Vom Strich zur Schrift, Zürich 1980

16. Hans Rudolf Niederhäuser: Formenzeichnen,Basel 1975

17. F. Schilling: Spielen, malen, schreiben. Marburger graphomotorische Übungen, Dortmund 1986

18. Paul H. und Ester H. Wender: Das hyperaktive Kind, Ravensburg 1980

19. Heinold Wachtendorf: Schreibschwünge, Wolfenbüttel 1982

Zeitschrift / Diplomarbeit

20. Schweizerische Heilpädagogische Rundschau
Nr. 6, Juni 1986; Nr. 7, Juli 1986

21. Diplomarbeit von Barbara Zürcher
Beitrag der Ergotherapie zur Förderung der graphomotorischen Entwicklung des behinderten Kindes
14. Kurs, Zürich, Juli 1976

(Zitate und Auszüge aus Büchern sind mit Nummern im Text vermerkt.)